ef

M&Aの「新」潮流

山本貴之

エネルギーフォーラム新書

はじめに

世界経済の減速や国際競争の激化、少子高齢化の進展など社会構造が激変する中で、わが国企業が持続的な成長を続けるには、従来以上に最適な経営手法を的確な判断の下で実施することが求められる。その中で、非連続的な成長をもたらすM&Aに対する期待は高まっており、これをどのように活用するかは、経営者にとって喫緊のテーマとなっている。

例えば、システム改革を控えるエネルギー業界では、電力とガスなど業態の垣根を越えた総合エネルギー産業への脱皮が必要となってきており、エネルギー供給の面的な水平展開に加え、他産業との連携や海外展開なども視野に入れると、M&Aの積極的な活用は避けて通れない。また、製造業では、アジアなど新興国の成長市場を取り込もうと、M&Aを活用した積極的なグローバル展開が続いており、この流れはITやサービス産業など非製造業にも広がってきている。

さらに、最近は、成熟化した業界の再編や高度成長期を支えたオーナー企業の事業承継などのニーズも広がりを見せ、これらの分野においてもM&Aは有力な選択肢となる。

本書の目的は、このような実態を踏まえ、近い将来M&Aを検討する可能性のある企業の経営者にM&Aの実務知識と最新動向に関する情報を、コンパクトでわかりやすく提供することにある。もちろん、M&Aを担当する経営企画部門やこれを支援する事業・財務部門、金融機関等に所属するスタッフにとっても有益な参考書となることを企図している。

以上のような目的と読者層を前提に、本書は、全体が三部構成となっている。

まず第一章から第六章までは、M＆Aの基本戦略と実務的なプロセスに関する解説書となっている。戦略の立て方、実行のプロセス、企業価値評価、買収スキーム、ファイナンスなどについて網羅的かつ簡潔に解説されている。

第七章から第九章までは、M＆Aを活用する具体的な局面における指南書となっている。特に事業承継やファンドとの交渉、海外企業買収といった各場面でM＆Aを成功させるために留意すべき点に力点を置いて、最新の動向とその対策について詳細に論じている。

第十章から第十二章までは、「M＆Aの新潮流」と題し、各産業分野の近時のM＆Aのトレンドについて、エネルギー、健康産業・ヘルスケア、ＩＴ・小売り、製造業と、各業種の特色をとらえつつ紹介している。さらに最終章は、最も新たな動きとして、地方創生や社会的な価値を生み出すようなM＆Aの社会政策的な効用についてその方向性を示している。

本書が、M＆Aを成功裏に活用して成長戦略を実現する一助となることを願っている。

M&Aの「新」潮流

目次

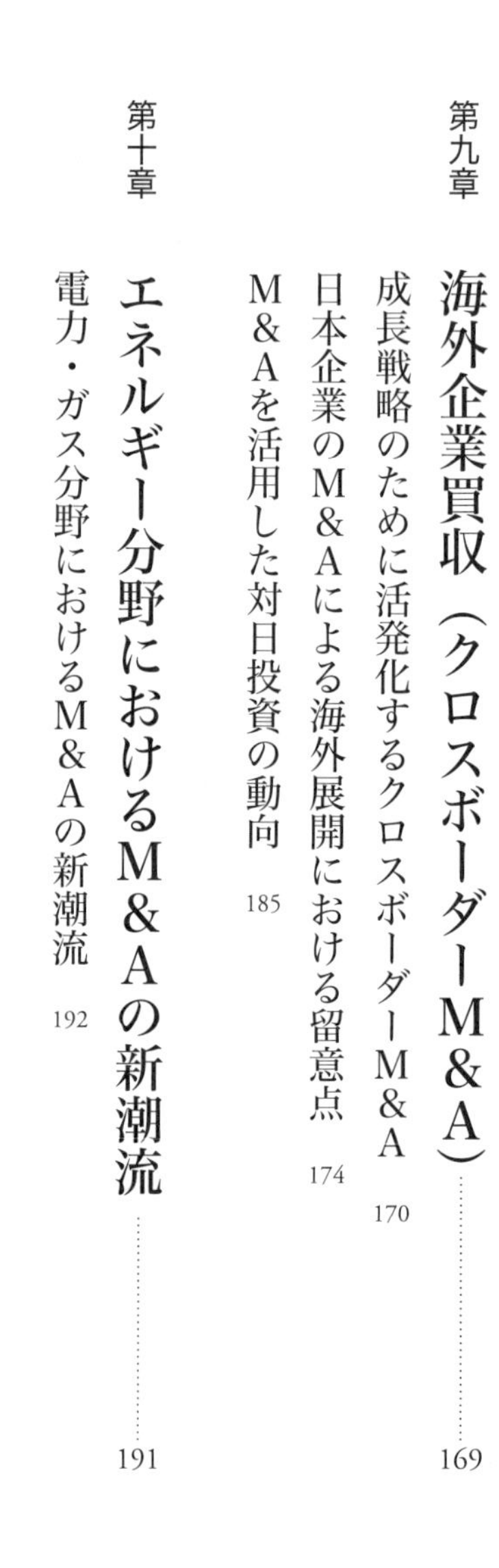

第一章

わが国M＆Aの現状と広がる利用可能性

拡大するＭ＆Ａマーケット

過去最高のＭ＆Ａ件数と金額

近年わが国企業が関わるＭ＆Ａの件数と金額は、過去最高レベルとなっている。２０１５年１月から９月までの日本企業のＭ＆Ａ動向（図表１‐１）によれば、同時期のＭ＆Ａ件数は、過去最高だったリーマンショック前の２００６年に迫る勢いであり、また金額は、１～９月期としては過去最高となっている。特に、日本企業が海外企業を買収するＩＮ―ＯＵＴが、過去最高を更新した前年同期を上回り、継続して極めて高い水準を維持している。さらに、ＩＮ―ＩＮ（国内企業同士のＭ＆Ａ）も増加基調であり、またＯＵＴ―ＩＮ（海外企業が日本企業を買収するＭ＆Ａ）も金額は減少しているが、件数では伸びている。

Ｍ＆Ａマーケット拡大の背景

このように、わが国企業のＭ＆Ａが活発化している背景としては、次の４つが挙げられる。

①企業利益の改善・向上

図表1－1　日本企業によるM＆A推移（件数、金額） （出所）レコフ調べ

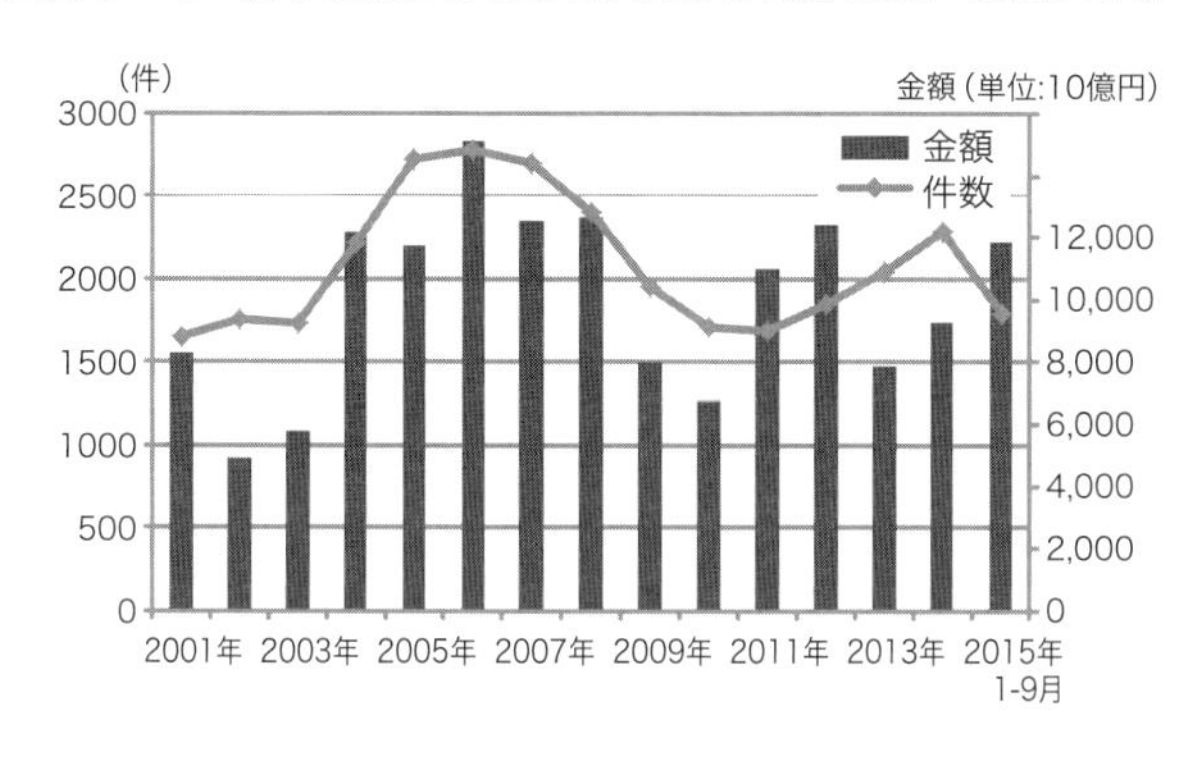

②株主から経営執行者に対する成長戦略への期待
③金融緩和に伴う低金利による資金調達の容易化
④戦略的なM&Aに関する情報とノウハウの普及

まず、①の企業利益の向上については、政府の財政政策や日銀の金融緩和政策、さらに円安による輸出採算の好転、原油安によるコスト削減などのさまざまな要因により、日本企業の利益水準は総じて高く、多くの企業が過去最高益を更新している。このような利益は、必ずしも設備投資や技術開発に振り向けられることなく、各企業の手元に滞留しているケースも多い。

次に、②株主から経営執行者に対する成長戦略への期待は、近年一層高まっている。株主総会等での活発な議論の中で、具体的な成長投資を実施しないのであれば、自社株買いによる配当性向の向上を望む株主も増えてきており、このような物言う株主の増加が、企業のM&A投資を後押しする遠因となっている。

第三に、金融緩和により、企業にとって非常に資金調達しやすい環境が近年整っている。企業側も手元資金に余裕がある中で、金融市場は極めて低金利で安定的に推移しており、一般に銀行も積極的な貸出姿勢を示していることから、M&A資金のバックファイナンスを受けやすい環境となっている。

第四に、M&Aに関するニュースがマスコミの関心の高さもあって頻繁に報道され、連日多くの案件情報が公表されている。特に一千億円を上回るような大型案件については詳細な解説記事が付されるとともに、例えばデューディリジェンスやPMI（Post Merger Integration：買収後の統合作業）といったM&Aのプロセスに関する用語も目にする機会が増え、M&Aのノウハウが経済界に着実に普及していることが実感できる。

非連続的な成長への期待

もっとも、M&Aは、多額のコストと相応のリスクを伴う経営手法であるから、前記の4つのような要因が後押しするとしても、それだけで各企業がかくも積極的にM&Aを進めていることの理由とはならない。

いうまでもなく現在のわが国企業の置かれた経営環境に関して、自社で新製品を開発し、品質を向上させ、販売網を広げ、コストを削減するといった連続的な手法だけでは、厳しい競争環境の下で将来にわたって生き残ってはいけないという分析・判断がドライブとなって、多くの企業で非連続的な成長をつかみ取るためにM＆Aを選択するという現実がある。単に「時間を買う」ということにとどまらず、次世代にわたる飛躍的な成長の礎を築いておきたい、という経営者の強い思いが、現在のM＆Aの隆盛をもたらしていると言える。

　もちろん、その置かれた環境は各企業により、大きく異なっている。そのいくつかの典型例について、次に紹介する。

現在のわが国M&Aの特色

業界再編

　わが国企業は、高度成長期以降、潤沢な内需をターゲットとして事業を発展させてきたが、バブル崩壊後、その成長モデルが失われ、アジア等への海外展開を進めつつ、国内はコアビジネスに集中して経営資源を投入する道を歩んできた。しかし、依然として主要なマーケットであった国内市場が今や人口減少という要因で縮小しつつあり、また高付加価値な商品への買い換え需要があるとはいえ、例えば食品産業など事業分野によっては計数的に拡大の余地は限られているという現実がある。このことから、多くの企業は中長期の経営戦略を練り直す中で、本格的なグローバル化と国内外における新たなビジネスの展開や新市場の開拓といった新機軸を推進する必要に迫られている。

このような成長戦略の具体化を模索する中で、最近M&A市場で目立っているのは業界再編の動きである。例えば、JXホールディングスが東燃ゼネラル石油と、出光興産が昭和シェル石油と統合する、常陽銀行が足利銀行と統合する、首都圏の大手食品スーパーであるマルエツとカスミとマックスバリュ関東が統合するなど、同じ業界内の複数の企業が一緒になることで、マーケットシェアを伸ばし、共同仕入れや管理部門の統合によりコストを削減するなどして、シナジー効果を出し、業界での生き残りを図ろうとするものである。

事業承継

案件規模は比較的小さいものの、最近急増しているのが、事業承継を目的とするM&Aである。わが国企業の97%をファミリービジネスが占めるという統計もあり、経営者の高齢化と後継者不足により、事業承継のニーズは確実に増している。かつては業績の悪化により廃業を迫られる中で会社を売り渡すといった再生型のM＆Aが多かったが、最近は堅調な業績を維持している企業のオーナーが、後継者が見つからないために、同業他社による買収を受け入れるケースが増えている。地域の金融機関などが多くアドバイザーを手がけており、雇用の維持も含め地域経済の活性化の観点からも期待しうるディールである。

　ただし、同じ地域内の同業他社は、長期にわたり競争関係にあったため、相手を知りすぎているせいか、その相手に買収されるのを嫌う傾向があるなど、マッチメーキングに気を遣うのは他の案件と同様である。なお、社内の職員へのMBOによる承継など、他社への譲渡以外の手法も存在する。

ファンドによる投資とEXIT

　リーマンショック後の不況期に再生局面に入った企業に対しファンドが出資して経営体質を改善し、3年から5年ほど経って、売却するというケースが多く見られる。ファンドが売却する案件は、M＆Aのフィナンシャルアドバイザー（FA）を務める投資銀行なども当然フォローしており、常に売却のタイミングを計りながら買い手候補を探している。

　したがって、買い手からすれば的確な情報開示も受けられる上に相手が確実に売るという点で対応しやすいという利点がある一方で、ファンドは事業の円滑な承継とともにできるだけ高値で売却することを企図するため、通常は入札になる可能性が高く、購入価格が高止まりするケースが多い。特に、最近ニーズが強い、ニッチな分野で技術力のある製造業や医薬・医療ヘルスケア分野などの案件では、EBITDA（買収対象企業の収益力に関する指標。第四章脚注［3］参照）の10倍を大きく上回る、驚くような高値の取引となることも珍しくない。また、いったん売却のプロセスに入ると一次入札、デューディリジェンス、二次入札とわずか二、三カ月の間に次々に意思決定を求められるので、スピード感を持った経営判断が必要になるのも特徴である。

成長戦略のための海外企業買収

近年のM&Aブームの火付け役は、日本企業がグローバル化を促進するための海外企業の買収、いわゆるIN―OUTである。円高の局面では割安感があったものの、円安になっても引き続き多くの案件が成約している。いわゆるアジア等の新興国市場の企業を買収するケースが多いが、巨額買収案件では欧米企業を買収するケースが目立っている。

国内市場の成熟化や縮小を見据えて次世代の成長戦略を描くという点では、これは理にかなった投資行動であるが、現実問題としてリスクも多い投資である。その理由は、海外での事業経験に乏しい日本企業が外国の企業を買収した場合に、その経営を担う（あるいは現地子会社の経営をグループ全体の立場から管理する）人材が不足しており、結果的に売却対象企業を従前より経営している現地マネジメント層をそのまま慰留して活用するケースが多いからである。少なくとも、その会社が儲かって成長していれば問題はないわけであるが、買収して親会社となった企業とのシナジー効果を出す（そうでなければ、プレミアムを支払って買収した意味がない）には、グループとして経営戦略を展開し統合効果を発揮させる必要があり、これが現実には非常に難しい。この問題を解決するには、買収する前の統合戦略の入念な策定と、ＰＭＩ（買収後の統合作業）の着実な実施が重要であるが、この点については第三章で詳述する。

戦略的なM&Aの重要性

経営戦略実現のためのM&A

経営戦略には、さまざまなスタイルや手法がある。例えば、製造業であれば技術開発により新製品を生み出し、それを量産化して市場を形成するという手法が一般的であり、そのためR&D投資と設備投資が重要なファクターとなる。しかし、「餅は餅屋」という考え方は手堅い一方で、商品によっては技術革新などにより劇的に市場環境が変わり、事業拡大の限界も見えてくる。例えば、デジタルカメラの普及が加速していたときのカラーフィルムがそうであったように、その商品の市場性が消費者のニーズの変化により明らかにフェードアウトしている場合に、全くの「飛び地」ではないとしても、新たな分野に打って出る必要が生じる。そして、それを満たす手法としてM&Aに一定の合理性がある。

この場合、そもそも事業構成をどのように変化させ、重点事業分野をどこに設定し、新たな成長事業をどこに構築していくのか、という経営戦略の確立が最も重要である。M&Aは、あくまでもこれを実現する手段であり、M&Aの機会に遭遇した場合に、それがなぜ自社の経営戦略上必要不可欠であるか、を十分に吟味する必要がある。単に持ち込まれた案件が安値で将来化けるかもしれないから手を挙げようというだけでは、M&Aの成功はおぼつかない。

もっとも、よほど慎重に経営戦略を練り、設備投資など他の投資手段と比較した上でM&Aを実施したとしても、これを成功裏に貫徹するには、中長期の視野に立った企業価値向上の忍耐強い努力が不可欠であり、相当な苦労を背負い込むという覚悟は必要である。

また、残念ながら、仮にミスマッチであることが判明した場合には、致命傷となる前にダメなものはダメと割り切る潔さ（良い買い手がつくうちに売却する勇気）も将来は必要となり得る。

M＆Aの成功と失敗

M＆Ａの成功と失敗に関する分析や論評が世の中に多く流通している。M＆Ａをより有効な経営手法とするために、失敗の原因を類型的に抽出した上で、例えば、①相手株式の評価が妥当でなく高値づかみをした、②契約書が万全でなく、予期せぬ事態の発生に対しリスクヘッジができなかった、といった技術的な論点については、先人の轍を踏まないように十分な対策を取ることが望まれる。しかし、③業界の事業環境の劇的な変化を予知できなかった、④事業特性を理解できず自分で経営をコントロールできなかった、となると、前者は通常の経営（例えば設備投資の判断）でも起こり得る問題であり、後者は、そもそも経営能力の問題である（逆に、たまたま対象会社の経営者が相応の能力を備えていれば成功例となる）。これらを詳細に分析しても、「身の丈に合った案件を慎重に選べ」という以外にあまり得るところはないように思われる（現実問題として、いかにデューディリジェンスを念入りに行ったとしてもＭ＆Ａにおいて１００％完璧にリスクを除外することはできない）。「想定外という言葉は経営にはない」と言って必要以上に万全を期すよりは、むしろ人事を尽くした上で、「運も実力のうち」と割り切って、経営戦略に沿った分かりやすいシナジーをきちんと実現できるＭ＆Ａを着実に実施する姿勢がＭ＆Ａに挑む企業には期待される。

なお、あえて付言すれば、Ｍ＆Ａの成否というのは、結局企業経営が継続されるものである以上、短期間で倒産したり、安値で売却して損出しをした場合は明らかだが、どの時点で何を（売り上げや利益の推移、シナジー効果発現の程度、時価総額の伸び幅、ＩＲＲ（投下資金に対する回収利回り））評価基準にするかで異なってくる。例えば、シナジー効果は出ずに早期に売却したが、売却益が出た場合はどうなのか。あるいはＭ＆Ａなど何もしなかった場合に比べて、買収した事業が収益性は低いが将来の事業の柱を築く端緒となった場合は、どう評価するのか。いずれにしても、Ｍ＆Ａの成否の判断は難しく、むしろ事業環境が大きく変化する中で、長期にわたる経営戦略の実現においてＭ＆Ａを成功に導くような努力を惜しまないという心構えが大切となろう。

第二章

M&Aの戦略的活用

戦略策定のあり方

水平展開・垂直展開

わが国のM&Aの中で最も一般的なものは、同業他社を買収し、地理的に事業エリアを拡大するとともに、マーケットシェアを上げる水平展開である。先に述べた業界再編も多くはこのパターンであるし、事業承継や海外展開もこの類型に入るケースが多い。もともと事業特性を理解している上に、共同仕入れによるコストダウンや管理費の削減など比較的シナジー効果が見えやすく、成功しやすいM&Aでもある。

これに対して、メーカーが自社製品の卸販売業者を買収する、素材メーカーがその原材料を使って二次製品を製造するメーカーを買収する、ホームセンターがDIYや園芸用品の製造業者を買収する、といったサプライチェーンの上流や下流に向かってM&Aを活用して展開していく動きを垂直展開という。自社の得意とする事業分野を拡大強化しつつ、中間コストを削減するというシナジー効果を狙っている。これも、水平展開ほどではないが、よく見られるM&Aの形態である。

異業種参入

先に述べた水平展開・垂直展開が、現在の事業分野の拡大強化であるのに対し、「飛び地」に出て行く異業種参入というケースがある。非連続的な成長を企図する、いわばM＆Aの醍醐味を示す投資パターンであるが、本業との距離が離れれば離れるほど、リスクも高まる投資となる。例えば、保険会社が老人介護施設の運営業者を買収する、鉄道会社がマンションの開発業者を買収する、フィルムメーカーが製薬会社を買収する、などいろいろなケースがある。通常は、部外者には分かりづらいが、経営戦略上よく練られた投資基準があり、それを実現している。たとえば、メーカーであれば、現在保有している技術を活かす、非製造業であれば、顧客層や販売ノウハウが共通していたり、自社のメインの事業分野の補完になる（例えば、鉄道会社であれば沿線価値の向上）ことを企図している。しかし、事業特性の理解は不足し、想定していた以上に競争が厳しく、事業環境の変化が激しい（収益が短期間で大きく変動する）といったリスクもある。投資判断において、最も留意すべきM＆Aの類型である。

ノンコアビジネスの売却

企業が成長するにつれて、経営環境の変化に伴い、いわゆる中核的な事業そのものが入れ替わることが多く見られる。長い歴史を誇る企業には、かつては紡績が主業だったが、その後化学メーカーとなり、現在の稼ぎ頭は医薬品だという企業があるが、典型例である。そして、このような主業の変遷にあわせて、さまざまな関連ビジネスが展開され、興亡を繰り返しているのが常である。このようなケースでは、自社にとって中核ではなくなった事業や、収益性が衰えてきたり、主業とのシナジー効果が従前ほど発揮されなくなった関連事業を、M&Aを活用して売却することが有用である。

一般に日本の企業は、雇用の維持とのからみもあり、このノンコア事業の売却が不得手であった。しかし、バブル期に多角化に打って出て失敗してから、負の遺産の処理に積極的に取り組んだ企業ほど迅速な経営体質の改善を達成している。さらに言えば、売却すべき事業を早く見極めて、収益性のあるうちに（良い買い手がつくうちに）売却することが肝要である。しかし、売却対象部門との社内調整に手間取るなどさまざまな理由により「言うは易く行うは難し」というのが現実である。

事業ポートフォリオの入れ替え

将来の成長エンジンとなる事業を買収し、ノンコアとなった事業を売却する、ということを適切に繰り返すことによって、事業ポートフォリオの入れ替えができる。最近ブームとなっている日本企業のＩＮ－ＯＵＴのＭ＆Ａは、アジアなど新興市場のファミリービジネス（大小さまざまな財閥）が売却する事業がターゲットとなっている。そして、これらの多くは彼らの事業ポートフォリオの入れ替えによって生じている。つまり、彼らは、常に最も高い収益を目指すという観点で経営戦略を練る中で、次に中核となる事業を見極め、仮に儲かっていても不要な事業をコンスタントに売却しているのである。企業文化が異なる日本企業で直ちに同様の発想を経営に取り入れるのは困難が伴うが、参考にすべき経営コンセプトである。なお、アジアの巨大ファミリービジネスの多くはコングロマリット化しており、祖業はもはやコアビジネスではなく、金融や不動産などが主業となっているのは、このような事情が背景にある。

ターゲットの選定

SWOT分析と将来ビジョン策定

先に述べたようなさまざまな戦略がある中で、自社がどのような戦略をとるべきか策定する作業が、まず手始めに必要となる。これには自社の強み（S）や弱み（W）に加えて、外部環境による機会（O）や脅威（T）を加えた4つのカテゴリーで事業環境を要因分析し、経営資源の最適な活用を図るSWOT分析などの手法が有効であろう。

また、自社が10年後、20年後にどのような企業になることを目指すのか、という将来ビジョンの策定も、今後のM＆Aを含む長期の投資計画を作成する上で欠かせない。

中期経営計画とM&A予算

将来ビジョンが決まったら、これを実現するため3年から5年の中期経営計画を策定する。さらに、年度目標の設定とあわせて、これを実施するために必要となる設備投資や技術開発投資、組織改革や人員配置、他企業との提携や合弁事業の計画など（いわゆる「ひと・もの・

かね」の配分）も検討する。この経営手段の一つにM＆Aがあり、どの分野を強化するために、どのようなM＆Aを狙うのか、業種、規模、地域などの条件を整理しておくことが望ましい。

企業によっては、M＆A予算を策定し、これを公表している。財務体質の健全性を保つ観点から資金的な枠を社内でイメージするのは重要である。また、これを公表することにより、本気度を示し、投資銀行の提案を集める効果も期待できる。ただし、設備投資と異なり、M＆Aは相手がある話であり、また1件だけなのか、継続的に複数の買収を行い多面的な展開を図るのか、あるいは事業の売却も考えるのか、等により予算の使い方も変わってくる。このように、ある程度柔軟な予算の執行を求められる点に留意が必要である。

キーワードとフィルター（チェックリスト）による選別

M＆Aは、その実施に短くても半年から一年の期間を要するが、突然始まる場合も多い。ある日、投資銀行からアポが入り、案件の紹介を受け、それがファンドの売却案件で、最初の入札まで1カ月以内、しかも、成約すれば数十億円から場合によっては一千億円を超える多額の投資を予定することとなる。そこまで進まなくても、デューディリジェンスには大きなコストと労力を要する。したがって、想定されるM＆Aについて、必要な情報は幅広く収集できる体制を整えるとともに、もたらされた情報については、限られた時間とコストで的確に取捨選択できる基準を予め作っておくことが有用である。

そのための有効な手段として、キーワードとフィルター（チェックリスト）がある。

キーワードとは、前記のビジョンや経営計画を踏まえて、自社の成長モデルを実現するためのM＆Aの相手先企業に何を求めるか、を端的に示したものである。例えば、強い技術力、確立されたブランド、優良な顧客基盤、共通した販売チャネルと物流網、さらに高い収益性や安定した経営基盤などである。誠実で人を大切にする企業文化などに力点を置く企業もあるかもしれない。このようなキーワードを社内の共通認識として持っておくと、突然もたらされた案件のスクリーニングや優先順位の判断に極めて役に立つ。

また、更に案件の情報を得て、審査を進める場合には、キーワードをより細分化・具体化したフィルター（チェックリスト）を用いることも有用である。この場合は、フィルターには、単に項目を細分化して増やすだけではなく、この項目にヒットしたら採択しない、この項目はさらに情報をとって精査するなどといった各項目の重み付けをすると、より活用しやすくなる。

ロングリストとショートリスト

キーワードやフィルターによる選別よりも、もっと直截に、M＆Aの対象となる個別企業名をリストアップする方法も有効である。特に、水平展開や垂直展開を企図している場合は、同じ業界内の取引や会合であらかじめターゲットとなり得る企業名が分かっていることも多い。そこで、自社の経営戦略上、これらの企業群が売り案件として出て来れば、M＆Aを積極的に考えていこうという買収対象企業のロングリスト（10〜20社）と、さらにそれを優先度が高い10社以下に絞ったショートリストを普段から経営企画部門が持っていると、局面によっては大変役に立つ。例えば、入札手続きに入る前に、業界内で内々に打診がある場合もあり、あるいは売却スケジュールが急に早く動くこともある。そのような場合に、慌てず着実に判断を進めるには、このような事前の周到な準備が重要である。

また、業界がニッチである場合は、お互いに業界内のプレイヤーを良く知っているケースが多く、その場合は、投資銀行に頼らなくても、交渉相手を見つけることができる（もちろん相手との契約交渉や企業価値算定は、専門家に任せる方が望ましい）。このような場合は、相手の特性（後継者がいない、設備投資負担が重く借入金が多い、顧客基盤が優れているなど）や経営者の人となり（人付き合いはよいが金に細かいなど）まで知っていることが多く、むしろ市場に出るのを待つのではなく、投資銀行や共通の知人などを頼って、能動的にアプローチすることも考えられる。また、価格目線や相手方の出方を想定してあらかじめ自らの動き方をシミュレーションしておくことも極めて有効である。これらは、買う場合だけでなく、会社や事業を売る場合にも非常に役に立つ。

逆に投資銀行の立場から見て最も困るのは、金額やエリア（国内のみか海外も許容するかなど）は大まかに決めても、業種や企業の特性について範囲が広すぎて、要すれば何でもよい、という買い手である。手元資金は潤沢で本業から離れた異業種展開を企図しているが、何をやりたいか決まっていない、という事案である。投資利回りだけ考えるのであれば、それでもよいが、事業会社としての経営を考えると、そのような場合は、結局何を持ち込んでも最終的な「ＧＯ」の判断には至らないケースが多い。それは、何をやりたいか決まっていないため、確固たる判断基準がなく、投資判断ができないからである。

M&Aのためのチームと人材

M&Aは、企業の成長の方向性を花開く（逆に失敗すれば、企業の屋台骨を揺るがす）経営判断である以上、社長の判断力が最も重要である。しかし、どこをいくらでいつ買収するかという判断に加えて、その前に策定する経営戦略の中身と買収した後の統合作業（PMI）もM＆Aの決断と同様に重要であることに鑑みれば、M＆Aはその企業の総合力、特に総合的な人材の力が成否を決める鍵と言うこともできる。

まず経営戦略の策定とM＆Aの実施については、社長が自らコミットして進めることが必須であり、経営企画部門は、社長の判断を支えるための材料や情報を提供し、他方で社長の判断を着実に実施する役割を果たす。しかしながら、M＆Aの機会は、急に訪れることもあることから、日頃からM＆Aを想定した最小限の社内体制（担当役員や専任のスタッフを含む）を構築し、トップも含めた関連部門との意思疎通を密にして、情報の共有化を図ることが大切である。

いったんM＆Aのプロセスが始まると、アドバイザーである投資銀行はもとより、担当する社内のM＆A部門も案件の成立に向けてドライブがかかるようになり（そうでなくては、M＆Aは、困難な交渉やさまざまなイベントを乗り越えて成立まで至らない）、特にデューディリジェンスでコストがかかり、相手方の期待感も高まると、なかなか後に引けなくなるのが実情である。一方で、需給関係で交渉力が決まるのも現実であるから、価格のレンジや契約内容が想定から乖離してくると、むしろ悲観的な情報を上げて責任を回避したい心理に襲われる担当者もいる。このような局面において、正しい判断を維持するには、トップのぶれない決断力と関係者間のチームワークが何をおいても必須であり、これに備えるには、長い期間をかけて社内の各部門において経営戦略を理解し着実に実施し得る人材を育成することが重要である。

第三章

M&Aの実行プロセス

M&Aプロセスの全体像

以下、M&Aの一般的なディールプロセスの概要（図表3-1）を説明する。実際には、案件の規模や、入札案件か相対の案件か等の諸条件により、ディールプロセスは様々に異なってくるが、比較的一般的なプロセスを抽出し事例を紹介する。

近時、M&A案件においては、フィナンシャルアドバイザー（以下「FA」）を雇うことがかなり一般的にはなってきているが、ディールにおけるFAの役割や、それぞれのプロセスにおける留意点等も併せて記載する。

なお、前章で述べた通り、M&Aを進めるにあたっては、社内での戦略策定とこれに沿った事前調査が出発点となるが、本稿では、事前調査のうち前章で触れなかったFA選定から記述を進めたい。

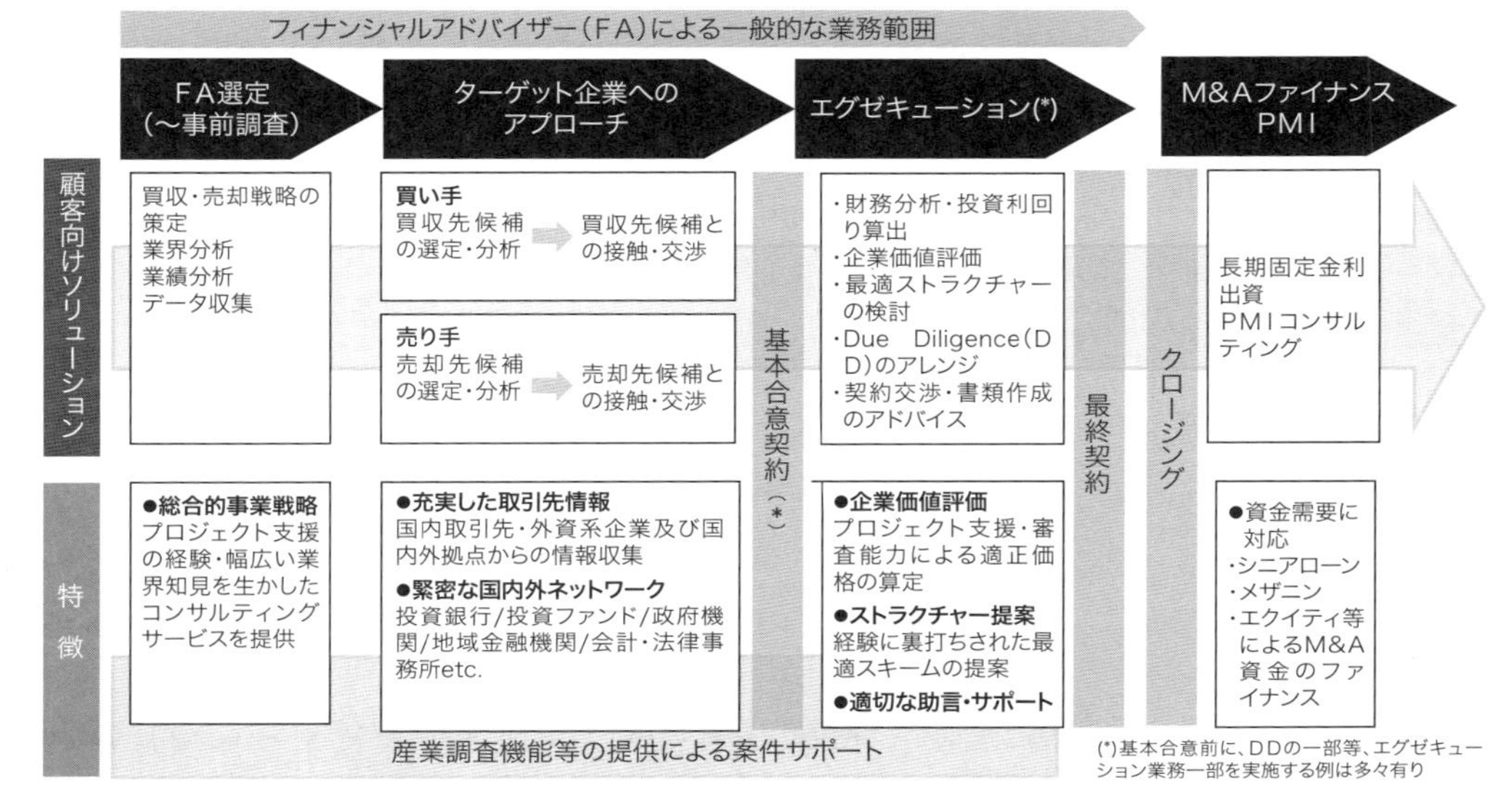
図表3－1　M&Aディールの流れ【概念図】（一例：日本政策投資銀行のサービスを参考に）
フィナンシャルアドバイザー（FA）による一般的な業務範囲
FA選定（～事前調査）
ターゲット企業へのアプローチ
エグゼキューション(*)
M&Aファイナンス PMI
顧客向けソリューション
買収・売却戦略の策定
業界分析
業績分析
データ収集
買い手
買収先候補の選定・分析
買収先候補との接触・交渉
売り手
売却先候補の選定・分析
売却先候補との接触・交渉
基本合意契約（*）
・財務分析・投資利回り算出
・企業価値評価
・最適ストラクチャーの検討
・Due Diligence(DD)のアレンジ
・契約交渉・書類作成のアドバイス
最終契約
クロージング
長期固定金利
出資
PMIコンサルティング
特徴
●総合的事業戦略
プロジェクト支援の経験・幅広い業界知見を生かしたコンサルティングサービスを提供
●充実した取引先情報
国内取引先・外資系企業及び国内外拠点からの情報収集
●緊密な国内外ネットワーク
投資銀行/投資ファンド/政府機関/地域金融機関/会計・法律事務所etc.
●企業価値評価
プロジェクト支援・審査能力による適正価格の算定
●ストラクチャー提案
経験に裏打ちされた最適スキームの提案
●適切な助言・サポート
●資金需要に対応
・シニアローン
・メザニン
・エクイティ等
によるM&A資金のファイナンス
産業調査機能等の提供による案件サポート
(*)基本合意前に、DDの一部等、エグゼキューション業務一部を実施する例は多々有り

ＦＡ（フィナンシャル・アドバイザー）選定

ＦＡの必要性及び選定のポイント

①ＦＡの機能及び必要性

近時、Ｍ＆Ａの検討・実行に際しては、多面的・客観的な分析や、ベストなストラクチャーの構築、幅広いターゲット企業へのネットワーク等を期待し、ＦＡを雇い助言を得ることが一般的になってきている。

Ｍ＆Ａプロセスの初期段階における、「対象企業の発掘・選定、候補企業に対する情報の収集と提供、買収スキームの策定、対象企業の事業分析、買収価格の評価、契約交渉、各種ＤＤのアレンジ、最終契約書調印、クロージング」までトータルのステージをコーディネートするのがＦＡの役割である。また企業にとっては、ＦＡから、独立した第三者の専門的助言を得ることによって、ガバナンスの観点から、自己の意思決定の透明性・合理性を担保する意味合いもある。更に、実際のディールの中では、ＦＡが両当事者の緩衝材・潤滑剤的機能を結果として発揮することもあり、交渉の過程で事業会社が仮に感情的になった場合でも、合理的判断を促す役割を果たすこともしばしばある。

ただし、あくまで、最終的に重要なのは、売り手や買い手の事業会社側の事務局が、プロセスを最終的にコントロールし、各ステージにおいて、FAの助言に基づき経営陣の迅速な意思決定に結びつけることである。経験則上、経営陣の意思決定がスムーズなディールは、ディールの各時点において機動的な対応が可能となり、M&A交渉が成功裏に終わる可能性が相対的に高いと思われる。

②FA選定のポイント

FA選定のポイントとしては、当該分野におけるトラックレコードや、メンバーの経歴・経験、ターゲット（買収サイドの場合）へのアクセスにおけるネットワークの広さ・人的つながりの強さ等が重要となる。なお、対象企業が、国内企業なのか、海外企業なのか、あるいはその事業規模等により、選定のプライオリティーが異なってくる。また、FAの担い手としては、通常、銀行、証券会社、M&Aアドバイザリーブティック、コンサルティング会社等多岐にわたる。

アドバイザリー契約の締結

①アドバイザリー契約締結に至るプロセス

ＦＡを活用して買収を行う場合、まずは、ＦＡと秘密保持契約を締結し対象会社等の情報を共有するところからスタートすることが多い。案件を前にプロセスを進める意思決定がクライアントによりなされれば、アドバイザリーフィーや、サービススコープの提案をＦＡ候補より受けた上で、ＦＡ契約を締結して本格的にサービスがスタートする。なお、アドバイザリー契約締結に際しては、既往の紹介案件の経緯等から、初めより「相対」で、提案を受け契約を締結する場合と（特に大型入札案件の買収サイドＦＡ候補選定の場合等は）、いわゆる「ビューティーコンテスト」等によって、複数のＦＡ候補からの提案をクライアントが受けた上で、比較検討の上選定する場合がある。

②アドバイザリー手数料体系

アドバイザリー手数料体系の一例は、図表３‐２を参照頂きたい。通常は、月次あたり最低の活動コスト見合いとして請求するリテイナーフィーと、成約時に請求するサクセスフィーに分かれる。リテイナーフィーは、百万円～数百万円の定額が一般的であり、サクセスフィーは、セルサイドのＦＡの場合、売却企業の企業価値等に個別の手数料率をかけて算出

図表３－２　FAの報酬体系（一例）

1.　着手金＋成功報酬
FAが就任した時点で着手金（定額）を支払い、後は最終契約調印時（成約時）に成功報酬が支払われる。

2.　リテイナー＋成功報酬
契約期間中、月次に定額の手数料（通常百〜数百万円の定額）を支払い、最終契約調印時（成約時）に成功報酬が支払われる。

○成功報酬は、マイルストン（中間金）として、その一部が基本合意時に支払われる形態もある。

<リーマンテーブル>（一例）

企業価値	成功報酬
5億円以下の部分	企業価値×5％（T1）
5億円超〜10億円以下の部分	企業価値×4％（T2）
10億円超〜50億円以下の部分	企業価値×3％（T3）
50億円超〜100億円以下の部分	企業価値×2％（T4）
100億円超の部分	企業価値×1％（T5）

・成功報酬＝T1＋T2＋T3＋T4＋T5
・ミニマムチャージ（最低金額）が通常設定されることが多い（通常数千万円〜数億円）
・当該テーブルでは、企業価値＝対象企業の株式価値＋有利子負債

○上記、テーブル（サクセス金額が売却代価にスライドする形態）は、Sell SideのFAの場合に適用されることが多い体系。
○Buy SideのFAに就任した場合は、出来るだけ、安い金額でクローズすることに主眼が置かれるため、想定買収金額（暫定）に基づき、リーマンテーブルを参考に定額とすることが一般的。

する方式（いわゆる「リーマン法」）を採用することが多い。ただし、バイサイドのＦＡの場合は、「高い値段で対象企業を買収する方が手数料が高くなる」との体系では、クライアントと（ディールでの価格交渉を行う）ＦＡの間にインセンティブのコンフリクトが発生する可能性があるため、一定の想定（想定上の基準の買収金額をクライアントと協議）のもと、「定額」のサクセスフィ

ー体系とすることが比較的多い。

ターゲット企業へのアプローチ

バイサイドの場合、選定基準を設定の上、企業戦略に基づく買収ターゲット企業をＦＡがリストアップ（通常「ロングリスト」と呼ばれ、案件にもよるが、10～20社程度目処）し、更にクライアントと協議の上、絞り込みを行う（通常、「ショートリスト」と呼ばれ、やはり案件により異なるが、５～10社程度が一般的）。次に、ターゲット企業に関する入手可能な情報に基づき、提案すべき買収基本条件等を検討する。

セルサイドの場合もバイサイドの場合同様、当該会社（含む子会社）や事業（の一部）を経営戦略として高く評価してくれる会社かどうか（シナジーや事業の補完性が見込める会社かどうか）等、複数の選定基準を定め、同様に候補企業をＦＡがリストアップする。次に、やはり、クライアントと協議の上、入手可能な情報に基づき、打診候補企業を絞り込んでゆく。バイサイドの場合も、セルサイドの場合も、実際にアプローチを行う対象企業は、情報管理の観点も勘案し、慎重に絞り込みを行い限定的とするのが一般的である。

打診する企業を絞り込んだ後、ターゲット企業またはターゲット企業の株主等にＦＡより接触し（売却もしくは買収の）意思を確認する。対象企業が、交渉の意向を示した場合、守秘義務契約を締結し、基礎的条件の開示を行う。なお、打診の最初の段階（守秘義務契約締結前）では、クライアント企業の名前は明かさず、ノンネームで、事業の規模や、概要のみを伝えることが多い。

なお、ＦＡがクライアントとアドバイザリー契約を締結の上、本格的に活動を開始してから、最終的に案件の成約（最終契約調印まで）に至る期間は、もちろん案件の規模、難易度等により異なるが、通常は半年〜一年である（もっとも、一年以上の長期を要する案件も多い）。

基本合意

概要

守秘義務契約に基づき開示された基礎的情報に基づき、相手先が、検討継続の意思を示した場合、基本的な諸条件の交渉を行う。当該交渉は、複数の相手と同時並行的に行うこともある。当該合意事項について、法的拘束力のない形で基本合意書を締結することが一般的である。基本合意は基本的に一社と締結する（ただし、複数の会社と交渉を継続し、基本合意を締結せず、最終契約に直接至る交渉形態もある)。

基本合意の一般的構成条文(一例)

一般的には、以下の項目であることが多い。当該条文の項目が、正に、基本的な交渉時の諸論点となる。

①買収対象(買収事業の範囲)、買収スキーム(事業譲渡、株式譲渡、合併・株式交換等)、②買収価格、出資比率等、③役員、従業員の雇用条件、④デューディリジェンスの条件、⑤秘密保持、⑥優先交渉権の付与、⑦最終契約書締結までの期間等。

デューディリジェンス

デューディリジェンス(以下「DD」)の目的

DDを直訳すれば、「(当然払うべき)相当な注意」(=資産査定)となるが、この目的は、端的に言えば、対象企業の事業価値の適正な評価を行うことである。当該対象企業の資産負債を適正に評価して、買収サイドが買収代金を確定するための情報（M&A意思決定の判断材料）を収集することにある。タイミングとしては、通常、基本合意直後から行われることが多いが、ケースバイケースであり、基本合意の前に「プレDD」の形で一部を行うこともある。

なお、DDは通常、バイサイドが、買収対象企業（もしくは事業）に対して行う行為ではあるが、中には、「セルフDD」によって、セルサイドが、売却対象事業を、売却ステージの本格化の前に自ら行うこともある。この場合、次のステップで、DDを買収サイドより「受けた」場合に、論点（交渉上不利な内容等）が事前にセルサイドに明確となっているため、セルサイドの立場では、交渉戦略が事前に立てやすいとのメリットがある（ただし、かたやこの場合、当然追加のコストと時間がかかることになる）。

DDの類型

DDの類型（範囲）は、対象企業（事業）の、財務、税務、法務、ビジネス（生産、販売、購買、組織・人事、システム等）、環境（土壌汚染）、エンジニアリングリポート（対象事業建物躯体の確認）等、多岐にわたる。調査において、各DDの専門家は、DDリポートを顧客（通常買収サイド）に提出する。なお、特に環境DDや、エンジニアリングリポートは、どこまで対応するかは、追加コストのレベルと、クライアントの意向（リスクに対する考え方のレベル）による。一方、法務、財務、税務、ビジネスの各DDは通常必須事項である。

DDリポートによる当該検出結果を前提に、最終契約書へ向けた、交渉を開始する（例えば、新たな簿外負債の判明による買収価格のディスカウント交渉等）。なお、ここで、例えば対象事業において甚大な、簿外負債や、土壌汚染等が発覚する等、いわゆる「ディールブレーカー」が検出されれば、交渉が中止することもありうる。

DDに関与する専門家

DD（を含む各種M&Aディールにかかる）専門家は、図表3‐3を参照頂きたい。弁護士（法務DD）、会計士（財務DD）、税理士（税務DD）、土壌汚染調査会社、建物（躯体）調査会社（エンジニアリングリポート）、コンサルティング会社（各種ビジネスDD）等が該当する。なお、当該DDにおける専門家とのDD契約は、通常はクライアントが直接行い、FAは関与しない。

図表３－３　M&A(ＤＤ)における各種専門家

各種専門家 (含むDD課程)	M＆Aにおける各種専門家とその役割
FA (フィナンシャル・アドバイザー)	コンサルティング(戦略策定等)から始まり、候補先のリサーチ、タッピング、事業財務分析、企業価値評価、交渉サポート、DDサポート、契約書締結サポート等、他の専門家と協調しながら、M＆Aプロセス全般をコーディネイトする立場。
弁護士(法務DD、契約書作成)	基本合意書、最終契約書の作成。DDにおいては、法的見地から、買収企業の法的リスクを洗い出し、M＆A遂行における、阻害要因の有無や、法的留意事項等の指摘を行う。また、ディールストラクチャー（買収・売却形態)構築時に、法的なアドバイスを行うこともある。
公認会計士 (財務DD、 財務アドバイス)	DDにおいては、財務的な観点から、買収対象企業のリスクを洗い出し、資産の査定を行い、M＆A遂行における阻害要因の有無(ex.多額の簿外負債の存在)や、財務的留意事項の指摘等を行う。また、ディールストラクチャー構築時に、財務的なアドバイスを行うこともある。
税理士	DDの財務分析の過程で、税務面での問題がないか指摘を行う。また、ディールストラクチャー構築時に、税務上最適な形態(もしくはリスクの小さな形態)とすべく、税務アドバイスを行うこともある。
その他専門家	ビジネス面でのDD(事業のオペレーティング形態の確認)において、当該分野に強い、コンサルタントを雇う例はある。また、不動産の土壌汚染有無の確認や、建物の躯体の老朽化レベルの確認の趣旨で、土壌汚染調査会社や、建築物の診断会社(エンジニアリングリポート作成会社)を追加で雇うこともある。

○ FA以外の専門家は、クライアントが別途指定もしくは、クライアントの依頼を受けて、FAがM＆Aに習熟した弁護士、会計士、税理士等を複数紹介する事例が多い。
○ FA以外の専門家の手数料は、ＦＡへの支払い報酬とは(契約を)分けるのが一般的である。
○ FA、弁護士、公認会計士は、通常はM＆A取り進めにおいて、中核の専門家であるが、その他専門家は、案件の特徴(事業所の立地等)、対象事業の規模、クライアント(FAを雇うプリンシパル(当事者))の意向・要望レベルにより追加で契約するか否か判断が異なってくる。

図表３-４　ＤＤ項目の一例

○**基本情報**
　会社パンフレット
　商業登記簿謄本
　定款
　株主名簿
　関係会社概要

○**組織**
　組織図・人員配置図
　役員一覧
　役員経歴・担当業務
　部門別従業員数（正規、嘱託、パート、男女別）
　就業規則・賃金規定
　（インセンティブ制度、退職金制度含む）

○**財務情報**
　財務諸表一式（過去３期分）
　税務申告書、過去３期分
　（科目明細含む）
　直近の試算表
　資金計画表（資金繰り予定表）
　事業計画書（今後３～５年程度）
　セグメント別損益一覧
　有利子負債の状況
　固定資産明細
　ＩＲ資料（上場企業の場合）

○**製品・サービスの状況**
　主要製品・サービスの内容
　（特色、市場業界動向の説明）
　商品別・分野別粗利益の状況
　販売形態及び主要顧客（国内・国外）
　競合会社（国内・国外）
　主要な仕入れ先、外注先

○**所有不動産関連書類**
　所有不動産リスト
　登記簿謄本
　固定資産税明細
　賃貸借契約書

○**その他（含む法務）**
　過去の資本移動等に関する状況
　知的財産の取得・保全状況
　議事録ファイル
　（株主総会、取締役会等）
　第三者との重要な契約の状況
　許認可リスト
　訴訟・紛争一覧（あれば）

　ただし、ＦＡは、ＤＤ実施のアレンジや、全般のＤＤ行程の統括、ＤＤによる判明事項の最終契約書への反映等、ＤＤ実施にあたり重要な位置付けにある。また、クライアントが適切なＤＤ専門家とのリレーションがない場合、案件の特性に応じた、適切なＤＤ専門家の紹介も行うことがある。

ＤＤ実施における留意事項

（図表３-４「ＤＤ項目の一例」参照）

　以下、各ＤＤにおける典型的留意事項（リスク）の一例を記載する。

①財務ＤＤ……財務書類の虚偽記載有無、対象資産の譲渡価格の妥当性、将来の損益プロジェクションの実効性の検証、保有不動産・投資の時価評価、簿外負債の有無、滞留債権・不良債権の評価等

②法務ＤＤ……締結済み主要契約の適法性、許認可取得の適法性、雇用関連（運営状況）の適法性、取締役会等組織運営の適法性等

③ビジネスＤＤ……知的財産権の評価、人的資産の評価、オペレーティング全般にわたる効率性及びリスク評価、社内コミュニケーション状況の評価、業界特有の商慣習（内在するリスク）の理解等

企業価値評価

企業価値評価の類型

企業を買収する場合も、売却する場合も、ＦＡの主要業務の一つとして、企業価値評価がある。当該評価を参考にクライアントは意思決定を行うため、言うまでも無く非常に重要な

プロセスとなる。本章では、概観のみに留め、詳しくは第四章「企業価値評価」に譲らせていただくが、アプローチ方法で分類すると、①マーケットアプローチとして、「類似会社比較方式」、「市場株価方式」、「類似取引事例方式」の主に3類型が存在する。一方、②インカムアプローチ（会社の本源的な価値の算定方法）では、「DCF（ディスカウントキャッシュフロー）方式」、「配当還元方式」が存在する。③その他のアプローチとしては、「純資産方式」が存在する。一般的にM&Aの実務で用いられる手法は、上記のうち、「DCF方式」及び「類似会社比較方式」である。

買収契約とクロージング

DD実施後、M&Aの本契約に記載する事項は以下の項目が該当する。当然法的拘束力を有する契約となる。

一般的構成条文（一例）

①定義、②譲渡契約の対象（株式・事業譲渡等）、③譲渡価格、支払い条件等の決定、④譲渡価格の調整、⑤クロージングの条件、⑥クロージング（時期）、⑦売り手の表明・保証、

⑧買い手の表明・保証、⑨当事者（売り手／買い手）の義務、⑩役員・従業員の処遇、⑪損害賠償請求、⑫契約解除、⑬競業避止、⑭その他（秘密保持義務、公表、費用負担、準拠法・管轄裁判所、有効期間等）

クロージング実施

クロージングは売り手と買い手が最終契約締結後、実際に契約の履行を行うことを言う。買い手企業は、売り手が持参した、証券、議事録などの内容（クロージング必要書類）を確認・受領する。買い手企業はこれらの証券、書類の譲り受けとともに、資金決済（買収代金の相手方銀行口座への振り込み）を行う。

PMI（ポスト・マージャー・インテグレーション／経営統合）

PMIの重要性について

PMIとは、ポスト・マージャー・インテグレーション（post-merger integration）の略称であり、M&Aのクロージング後の相当期間のうちに実施される統合作業である。

M&Aが重要な経営手法の一つとして定着してきている一方、必ずしも、成功するM&Aばかりでなく、失敗に至るものも多い。米国等の研究によると、「長期的な買い手の（M&Aによる）財務パフォーマンスは、平均的には買収後ほとんど変化せず、その期待値はゼロ近辺となる」との見解もある。一方、売却サイドは、上場会社の場合、売却発表以降株価が上がり（一年以内の短期で、場合によっては20〜30%等）、マーケットでの評価が高まることが比較的多い。これは、一因として売却サイドの会社に支払われた代金のプレミアムや、いわゆるコングロマリットディスカウント[*1]の解消等、短期及び中長期的な財務の好転見込みに対してマーケットが評価しているためと思われる。

これにより、企業買収の場合、中長期的にM&Aを成功させるためには、支払ったプレミアムを超える将来シナジーを、買収後の統合効果で生み出していくことが極めて重要なポイントとなる。

PMIの一般的な流れ

①PMI全体の流れ（図表3-5参照）

PMIの流れとしては、（早い事例においては）DDの企業分析の段階から、専門のコン

図表３－５　PMI各フェーズでの主要作業例一覧

DD／契約交渉		Phase1（統合準備）		Phase2（統合実行）		Phase3（中長期変革）
PMIデューディリジェンス ・シナジー想定・分析 ・統合作業に関する課題特定 ・キーパーソンの確認 ・経営者の経営ビジョンの確認（共有） （上記DDは、財務・法務等のDDとは別に、ビジネスDDの一環として、PMIの観点で追加実施）	Day0（最終契約締結）	**統合プラン策定・準備** ・事業戦略・統合目的明確化 ・統合作業抽出 ・統合スコープ詳細立案 ・シナジー実現計画立案 ・Day1に向けた作業開始 ・コミュニケーションプラン策定 ・Day1からDay100に向けた100日プラン策定 **統合プロジェクトチーム発足** ・統合事務局メンバー選定 ・ステアリングコミティメンバー選定 ・分科会発足	Day1（クロージング）	**統合作業の実行** ・統合作業100日プラン実行 ・プロジェクト進捗のモニタリング ・統合シナジー発生のモニタリング ・コミュニケーションプラン実行 ・企業統合に関するリスク管理 **中長期統合プランの策定** ・事業戦略構築	Day100	**シナジー最大化の追求** ・中長期統合プランに沿って、事業戦略、変革実施・統合シナジーのモニタリング継続・通常業務への移行

サルタントが入り、統合後のシナジーやオペレーションの検証を行った後、まず、「Ｄａｙ０」（統合の契約締結・合意発表）を迎える。その後「Ｄａｙ１」（契約の実行日）、「Ｄａｙ１００」（実行後１００日）と経ていくに従い、完成度の高い統合プランの策定並びにその実行がなされる。ＤＤの早い時点から、買収後の統合プランを想定・検証し、買収のディシジョン並びに、買収ストラクチャー、買収交渉等に反映することが、結果として、その後の統合を円滑にし、Ｍ＆Ａを成功に導く重要な要因の一つであると言える。

②「Ｄａｙ０（最終契約締結日）からＤａｙ１（クロージング日）まで」（フェーズ１）

以下各論として、まず、Ｄａｙ０から、Ｄａｙ１までの作業の概要を示す。統合の最終契約書を対象企業と締結した後は、統合プロジェクトチームを正式に発足させ、統合プランの策定を開始する。この日が、ＰＭＩのフェーズ１開始日（Ｄａｙ０）となる。Ｄａｙ０から、Ｄａｙ１までは、統合プロジェクトメンバーの選定を行う。当該メンバーは、統合スケジュール作成、実行・統括を行う「統合事務局」及び、統合戦略における最高意思決定機関である、「ステアリングコミッティー」から成り立つ。ここでは、①事業戦略、②組織・ガバナンス、③財務・会計・税務、④営業・マーケティング、⑤人事、⑥業務オペレーション・ＩＴ、⑦企業風土・コミュニケーション、⑧法務等の各分科会も立ち上げられる。これに、外部専門家として、ＰＭＩコンサルタントが加わる事例も多い。監査法人系のコンサルタントが就任することが、日本の場合、比較的一般的なケースと思われる。

Day0からDay1までの日数は、個別M&Aの状況によるが、短ければ、1カ月以内、長ければ（許認可の取得の関係等から）半年以上のものもある。

③「Day1」

クロージング日であるが、当日は、クロージング事務手続きをはじめ、報道対応、社内外への説明会、セレモニー等がなされる。

④「Day1からDay100まで」（フェーズ2）

Day1からDay100までの間に行うことは、分科会の本格的な活動を開始し、統合に向けた戦略（基本方針）の具体的な実行、優先事項の対応、シナジー実現の測定、そして、Day100以降の中長期的な課題に対して、中長期統合プランを策定していくことである。

なお、欧米では、「M&Aに成功した会社は100日で（最初の）成果が現れる」と一般に認識されており、その意味でも、この時点（Day100）でのモニタリングは重要となる。

⑤「Day100以降」（フェーズ3）

中長期的な統合効果を、事務局が継続的にモニタリングしていく。「作法的な（定型的な）」Day100までのPMIのみにとらわれず、中長期的な統合効果を睨み継続的に戦略を構築・実施していく。当該フェーズに、プロジェクトとしてどこまで継続コミットするかは、個別会社の方針により様々であるが、統合作業に最後まで、事務局担当者、現場担当者が責任を持ち関与しつづけることが重要である。なお、本プロセスにおいてもＦＡと連携したＰＭＩコンサルタントが各種サポートを行う事例が増えてきている。

［1］総花的に展開する複合企業体において一部非効率な部門が存在するため、総体としての事業価値が個々の事業価値の総和より割安になること。

第四章

企業価値評価

企業価値評価の位置付け

企業価値評価[*1]は、M&Aプロセスにおいて中核的な役割を担っている。M&Aが企業価値の向上を目的として実施される以上、M&Aの取引価格は十分に適切かつ合理的でなければならず、その妥当性を確認するため、企業価値評価が必須となる。

一般的に、取得者が優良企業を買収した場合、そのM&Aが良い案件であったと評されることがあるが、取得者の企業価値向上という観点からは、直ちに成功となるものではない。あくまで、取引価格が適切な水準以下であった場合に、成功と言うことができるのであり、優良企業のM&Aの場合には企業価値に多額のプレミアムが付された取引価格となっていることが多く、また、優良企業であるがゆえにM&Aによる利益の改善余地が少ない可能性があるため、実は、取得者の企業価値向上に資していると言えないこともある。

反対に、取得者による経営不振企業の買収は、外部から批判的・慎重な評価をされることがあるが、競争も少なく、割安な取引価格で買収する機会も多いため、結果的に取得者の企業価値の向上をもたらすことができる場合もある。

取得者にとっての対象企業の良し悪しという例で記載したが、このように、企業価値向上こそがM&Aの目的である以上、M&Aの戦略的位置付けや業務運営といった事業面とともにに、M&Aの取引価格が対象企業の企業価値と同等または有利な水準で取引するという経済面においても成果を上げることがM&Aの成功の条件であり、その際に、取引価格の妥当性を検討する尺度を提供するのが企業価値評価である。

先ほどM&Aが企業価値の向上を目的としていると述べたが、M&Aは取得者と譲渡者が合意しなければ成立しないため、経済面においては、取得者と譲渡者にとっての企業価値が同一の尺度に基づくゼロサムゲームの関係であるならば、M&Aの成立が困難になる。理由は、一方が高い価格で譲渡する、または低い価格で取得することでM&Aにより利益を得るならば、他方がその利益の分だけ損失を被ることになり、企業価値向上という目的を実現できずM&Aを承諾できないためである。[*2]

この問題を解決する主な要因が「事業の見通しに関する見解の差異」と「シナジー効果」である。

企業価値の重要な構成要素は、対象企業が獲得していく将来のキャッシュ・フロー・利益である。しかし、誰にも将来のことを確実に予測することはできないため、取得者と譲渡者それぞれが独自の事業の見通しをもって企業価値評価をすることになる。

この事業の見通しについて、例えば、譲渡者が情報の不足等から保守的に見ている事業上の要因について、取得者がより詳細な情報を有していることで積極的な見方をできる場合、譲渡者は低い企業価値を見込んでいる一方、取得者が高い企業価値を見込むことになり、M＆Aの取引価格について企業価値評価の結果より、双方ともに有利な条件で合意することとなる。

また、シナジー効果は、対象企業における追加的な価値の創出を通じて、より直截な解決をもたらす。

取得者は、M＆Aを通じたシナジー効果、つまり、取得者の保有する経営資源を対象企業の経営に活用することで、譲渡者では成し得ない対象企業の企業価値の向上を図ることができる。その価値の増加分のうち一定割合を、M＆Aの取引価格に反映させて譲渡者に提供することで、取得者・譲渡者の双方が経済面における企業価値の向上を実現することができる。

以上のように、M＆Aの目的である企業価値向上を実現するためには、M＆Aの取引価格の妥当性を企業価値評価によって確認することが必須である。

また、企業価値評価における事業の見通しの差異やシナジー効果等の要因から、譲渡者・取得者の双方にとって企業価値向上に寄与するM＆Aを実行することが可能となる。

図表4－1

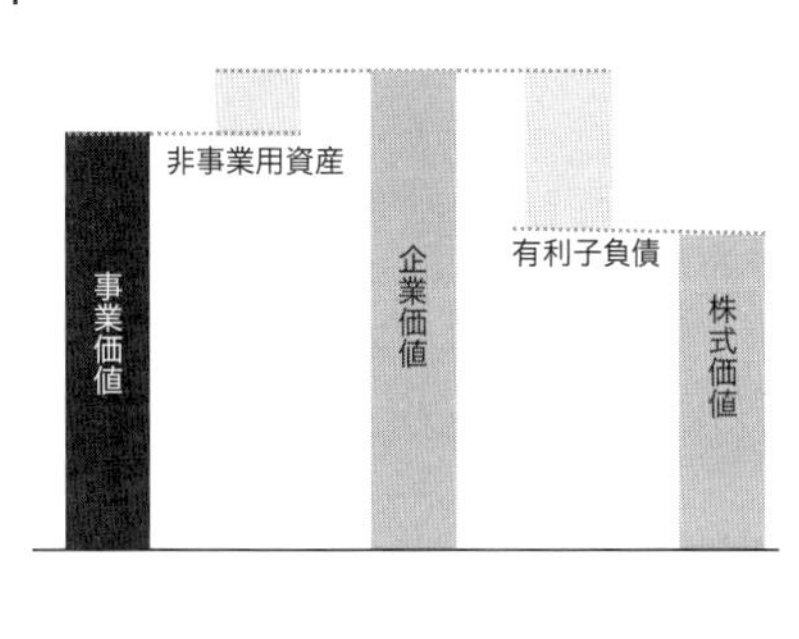

企業価値評価の具体的手法

企業価値評価の考え方と留意点

本項では、企業価値評価の具体的手法について述べる。なお、「はじめに」に記載している通り、本書は、企業の経営層にM&Aの有効な活用策を考えるきっかけを提供することを目的としているため、企業価値評価の実務を詳述するのではなく、経営層または経営企画の担当者が知っておくべき、企業価値評価の概略を述べることに留める。

最初に、価値評価の対象とその関係を整理したい。価値評価の対象として、企業価値、株式価値、事業価値があるが、それらは図表4‐1のような関係にある。

まず、事業が生み出す経済的なキャッシュ・フローや利益の総額として事業価値があり、事業価値に余剰現預金、遊休不動産、投資目的の有価証券等の非事業用資産を加えたもの

図表４－２

区分	手法	内容
マーケット・アプローチ	市場株価法	対象企業の市場株価に基づき企業価値・株式価値・事業価値等を算出する評価手法
	類似企業比較法	対象企業・事業と類似する事業を行う企業の市場株価に基づき企業価値・株式価値・事業価値等を算出する評価手法
	類似取引事例法	対象企業・事業と類似する事業を行う企業のM&Aによる取引事例に基づき企業価値・株式価値・事業価値等を算出する評価手法
インカム・アプローチ	DCF法	対象企業・事業の将来のフリー・キャッシュフローの現在価値に基づき、企業価値・株式価値・事業価値等を算出する評価手法
	配当還元法	対象企業の将来に支払可能な配当の現在価値に基づき、企業価値・株式価値・事業価値等を算出する評価手法
コスト・アプローチ	時価純資産法	対象企業・事業の資産・負債を時価評価した純資産に基づき、企業価値・株式価値・事業価値等を算出 する評価手法
	簿価純資産法	対象企業・事業の簿価純資産に基づき、企業価値・株式価値・事業価値等を算出する評価手法

が、会社全体の価値である企業価値となる。

企業価値は、コーポレート・ファイナンス論的には、リスクを負ってその企業に資金を拠出した者に帰属する価値であるが、具体的な資金の拠出者とは、有利子負債の貸主と株主である。そのため、企業価値から有利子負債を控除した額が株主に帰属する株式価値となる。

企業価値評価には、多様な評価手法があるが、それぞれ注目する観点に基づき、図表４－２のように分類できる。

マーケット・アプローチでは、

多くの参加者により形成されている市場での評価に基づいて、企業価値評価をする。

株式市場に依拠するものとして、対象企業自体の株式市場における評価結果に基づく市場株価法、対象企業と類似する企業の株式市場における評価結果に基づく類似企業比較法があげられる。また、M&A市場に依拠するものとして、対象企業と類似する企業のM&A市場における取引事例に基づく類似取引事例法があげられる。

インカム・アプローチでは、企業の将来のキャッシュ・フロー予測や利益予測に基づいて、企業価値評価をする。

M&Aにおける代表的な企業価値の評価手法として、企業の将来のキャッシュ・フロー予測に基づくDCF法（Discounted Cash Flow 法）があげられる。また、企業の将来の配当予測に基づく配当還元法がある。配当還元法は、DCF法に比べて用いられることは少ないが、有利子負債や支払利息が事業性を有する金融機関の企業価値評価においては用いられる。

コスト・アプローチは、再調達法とも言われるが、その企業の資産・負債を調達するための必要額に基づいて、企業価値評価をする。

具体的には、資産・負債の差額である純資産をもって企業価値評価をすることとなり、会計上の簿価の純資産の額を用いる簿価純資産法と資産・負債を時価評価した純資産を用いる時価純資産法がある。

また、企業価値の評価手法ではないが、M&Aの意思決定にあたって行われる主要な財務的な分析として、EPS（Earnings Per Share 一株当たり利益）分析、IRR（internal rate of return：内部収益率）分析及びプレミアム分析がある。

EPS分析は、取得者における一株当たり利益の増減額の分析である。また、IRR分析は、M&Aにおける投資に対する利回りを分析し、取得者が社内で設定する目標値や対象企業の事業リスクとの比較で、投資判断をすることとなる。

企業価値評価では、そのM&A案件に適した評価手法を幅広く採用し、各評価手法の評価結果を総合的に勘案のうえで、M&Aの取引価格を決定することとなる。なお、以前は「市場株価法50％、類似企業比較法25％、DCF法25％」のように、各評価手法の評価結果を加重平均して、総合的な評価結果を求める事例も見受けられたが、その加重平均の構成比に理論的な根拠がないため、現在では加重平均をしないことが一般的である。

企業価値評価の手法はこのように分類されるが、以下、M&Aにおける代表的な評価手法である「市場株価法」「類似企業比較法」「類似取引事例法」「DCF法」「時価純資産法」と「EPS分析・IRR分析・プレミアム分析」について説明したい。

市場株価法

市場株価法は、株式市場で形成されている対象企業の株価に基づく企業価値の評価手法である。株価は、多くの市場参加者が、それぞれの情報と分析に基づく取引によって形成されており、最も客観化された企業価値を示す指標とも言える。

M&Aの企業価値評価においては、市場株価法では、評価基準日の株価と評価基準日を起点とする1カ月平均、3カ月平均及び6カ月平均の株価から算定されることが多い。最新の情報を反映している直近の株価が最も正しいという見方があるが、一時的な要因で過度に株価が変動している可能性もあるため、一定期間の平均を用いるという考え方もある。

市場株価法の主なメリットは、「客観性の高さ」「評価手法のシンプルさ・明瞭さ」にある。留意点としては、「株式市場の変動による影響を受けやすい」「対象企業が非上場企業の場合には採用できない」「M&Aに伴うスタンド・アローン・イシューの影響とシナジー効果及びディス・シナジー効果を反映できない」「株価は、経営権を有さない一株当たりの価値である」といった点があげられる。

なお、ディス・シナジー効果とは、シナジー効果が取得者と対象企業との間で正の価値を生むことに対して、対象企業が取得者の企業グループに参加することで生じる売り上げの減

図表4－3

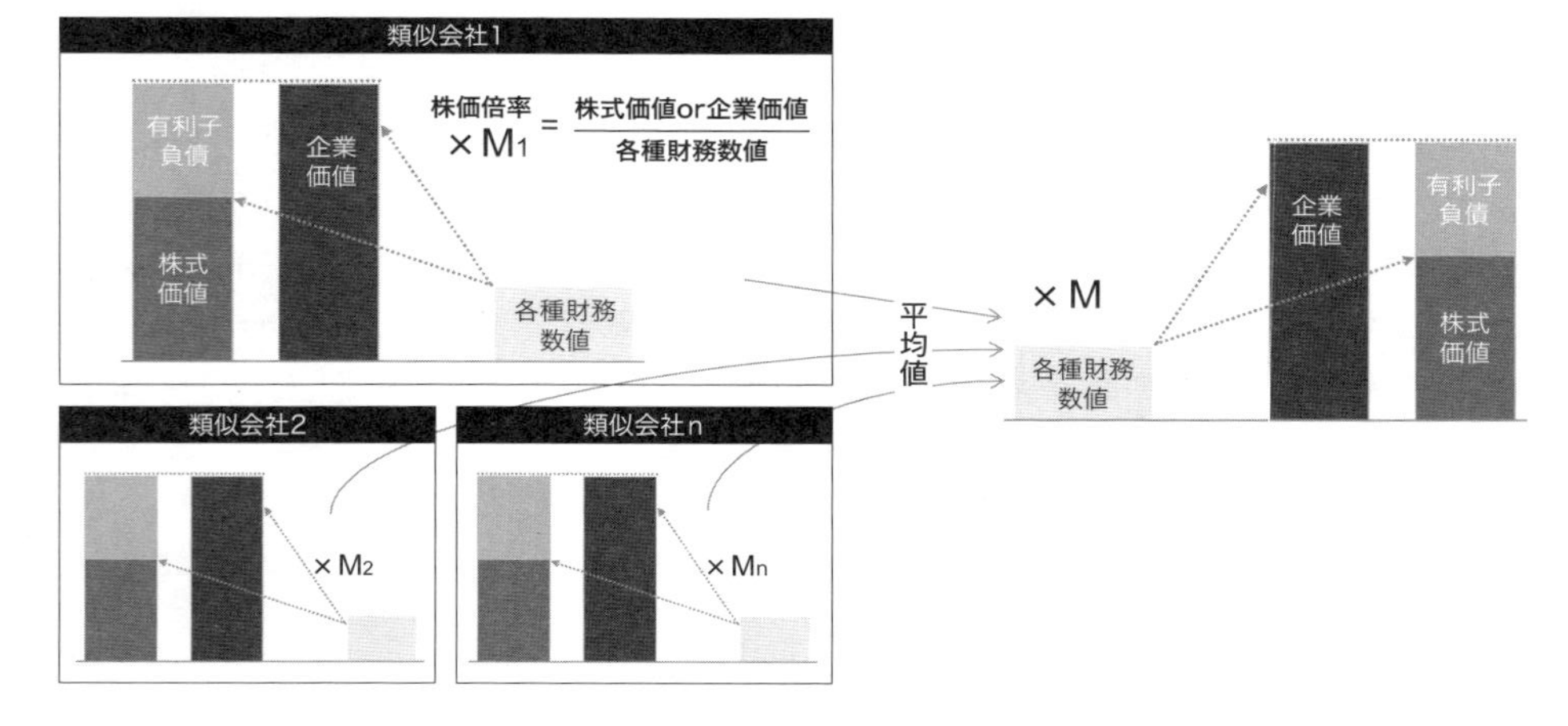

類似会社から業界の株価倍率を算出
・複数の比較企業の株価倍率の平均値をとることにより、対象企業が属する業界の株価倍率を算出
類似会社1
有利子負債
株式価値
企業価値
各種財務数値
株価倍率 $\times M_1$ = 株式価値or企業価値 / 各種財務数値
類似会社2
$\times M_2$
類似会社n
$\times M_n$
平均値
対象企業の企業価値・株式価値の算出
・対象企業の各種財務数値及び業界の株価倍率により対象企業の企業価値・株式価値を算出
$\times M$
各種財務数値
企業価値
有利子負債
株式価値

図表４－４

	株価	一株当たり当期純利益	一株当たり純資産	ＰＥＲ	ＰＢＲ
	円	円	年	倍	倍
	①	②	③	①÷②	①÷③
類似会社X	6,000	300	4,800	20.00	1.25
類似会社Y	5,000	200	5,000	25.00	1.00
類似会社Z	3,000	200	4,000	15.00	0.75
平均値	—	—	—	20.00	1.00
				↓	↓
対象企業	—	400	6,000		
PERによる株価評価	8,000 ←	400	×	20.00	↓
PBRによる株価評価	6,000 ←		6,000	×	1.00

少や費用の増加といった利益の減少をもたらすものである。

また、実務上の留意点として、平均期間として採用している時期において、対象企業の決算や組織再編等の情報開示がなされた場合及び経済情勢の急激な変動や大規模な天災地変等が発生した場合には、それ以前の株価を採用することの妥当性の検証が必要となることがあげられる。

類似企業比較法

類似企業比較法は、対象企業と類似する企業の株価に基づく企業価値の評価手法であり、類似企業の財務数値と株価に基づく企業価値の倍率を計算し、その株価倍率を対象企業の財務数値に乗じることで企業価値を算出する。類似企業比較法の考え方は、図表４‐３、具体的な計算の例は図表４‐４に記載の通りである。

株価倍率としては、ＥＶ／ＥＢＩＴＤＡ倍率（企業価値÷ＥＢＩＴＤＡ）[*3]、ＰＥＲ（株価÷一株当たり当期純利益）、ＰＢＲ（株価÷一株当たり株主資本等）[*4]が利用されることが多い。ＥＢＩＴＤＡや当期純利益といった損益計算書上の財務数値は、前期実績、ＬＴＭ（Last Twelve Month：直近12カ月の財務数値であり、直近の４つの四半期の財務数値の合計値を利用）及び今期予想の数値を用いて、また、純資産その他の貸借対照表上の財務数値は、直近四半期の数値を用いて計算することが多い。

類似企業として、事業内容（特に業種）、事業規模、財務内容等が対象企業と類似する企業を複数選定して株価倍率を計算し、その株価倍率の中央値または平均値を用いることとなる。また、新規上場企業、公開買い付け・組織再編の対象となっている企業等の特殊要因を有する企業は類似企業から除外する必要がある。

類似企業比較法の主なメリットは、「企業価値評価に客観性の高い株価を反映することができる」「評価手法が比較的シンプルかつ明瞭である」「対象企業が非上場企業の場合にも採用が可能である」ことにある。

留意点としては、対象企業と完全に一致する類似企業が存在しないことに起因する「類似企業の選定の妥当性」及び「業界平均と異なる対象企業独自の成長性やリスク等を反映できないこと」と市場株価法と共通する「株式市場の変動による影響を受けやすい」「M＆Aに伴うスタンド・アローン・イシューの影響とシナジー効果及びディス・シナジー効果を反映できない」「株価は、経営権を有さない一株当たりの価値である」点があげられる。

なお、個別の企業価値評価で用いられる株価倍率であるが、実務上は、例えば通信・エネルギー等の多額の設備投資を要する業界では減価償却費や有利子負債を反映しているＥＶ／ＥＢＩＴＤＡ倍率を重視する、金融機関は先述のように有利子負債や支払利子が事業性を有するためＰＥＲ及びＰＢＲを採用するなど、業種の特性に応じた財務数値に基づく株価倍率を選定する必要がある。

類似取引事例法

類似取引事例法は、対象企業と類似する企業のM＆Aの取引価格に基づく企業価値の評価手法である。類似企業比較法が市場株価に基づく株価倍率を用いることに対して、類似取引事例法はM＆Aの取引価格に基づく株価倍率を用いている点が異なるが、類似企業の選定方法や計算方法は共通である。

類似取引事例法の主なメリットは、「他社のM＆Aの取引価格を参考としており説得力が

図表4－5

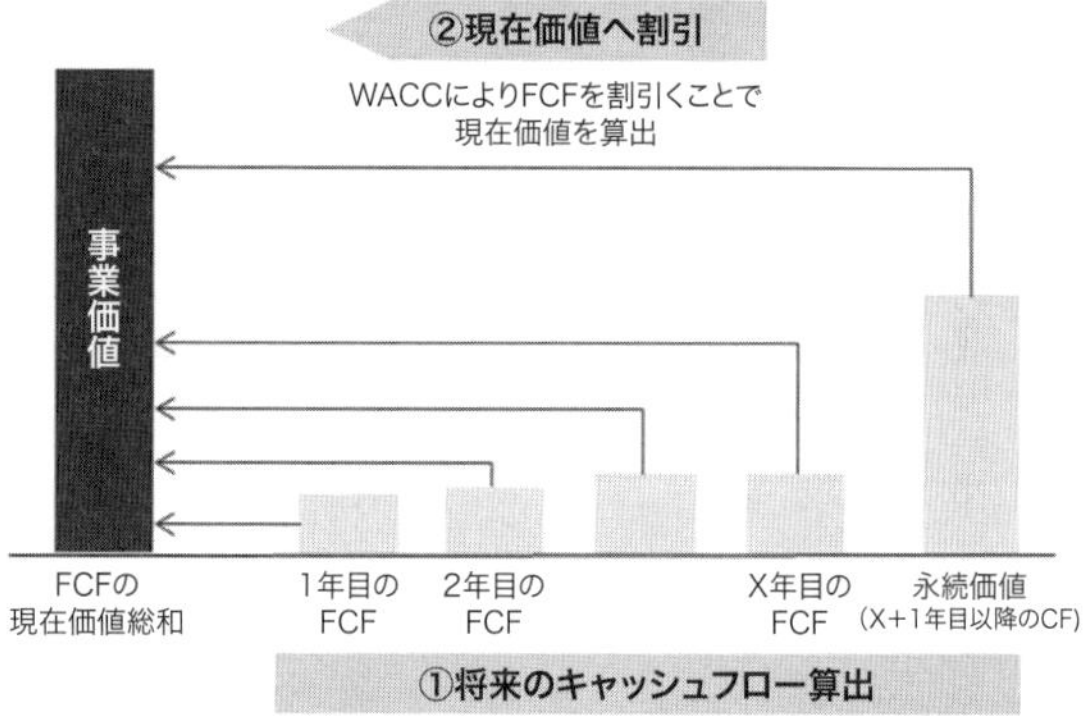

高い」「経営権の異動が反映されている」「評価手法が比較的シンプルかつ明瞭である」「対象企業が非上場企業の場合にも採用が可能である」ことにある。

留意点としては、「非上場企業のM&A事例では非上場企業の財務数値が公表されておらず、比較対象とする取引事例が不足することが多い」「業界平均と異なる対象企業独自の成長性やリスク等を反映できないこと」「対象企業独自のM&Aに伴うスタンド・アローン・イシューの影響とシナジー効果及びディス・シナジー効果を反映できない」「類似取引の選定の妥当性」があげられる。

図表４－６

$$WACC = r_e \times \frac{E}{D+E} + r_d \times (1-t) \times \frac{D}{D+E}$$

①株主資本コスト　②株主資本比率　③負債コスト　④1-法人税率　⑤負債比率

D：有利子負債　E：純資産

①	株主資本コスト r_e	株式に対する期待収益率
②	株主資本比率	総資本に占める時価総額（株価×発行済株式数）、種類株式及び少数 株主持分の合計 の比率
③	負債コスト r_d	有利子負債に対する支払金利
④	（1-法人税率）	実効税率をｔとして節税効果を考慮 有利子負債に対する支払金利は税務上損金計上されるため法人税分を割り引いて計算
⑤	負債比率	総資本に占める有利子負債の比率

図表４－７

【株主資本コスト（株式期待収益率）】 r_e

＝ リスクフリーレート（①） ＋ マーケット・リスクプレミアム（②） × β値（③）

①	リスクフリーレート	無リスク資産に対する期待収益率
②	マーケットリスクプレミアム	無リスク資産に対する株式市場の超過期待収益率
③	β値	個別株式と株式市場の期待収益率の連動性を示す指標 過去の株式と株式市場の収益率を回帰分析し推定

ＤＣＦ法

ＤＣＦ法は、現在のＭ＆Ａ実務において、最も重視される評価手法である。

ＤＣＦ法は、３～５年程度の事業計画から対象企業のキャッシュ・フローを予測し、そのキャッシュ・フローを割引率で割り戻すことで算出される。また、永久的な事業計画を策定することはできないため、事業計画の最終年度以降については、ターミナル・バリュー（Terminal Value：継続価値）を用いることになる。ターミナル・バリューは、ＥＸＩＴマルチプル方式または永久成長率方式と言われる計算により算出される。

具体的には、図表４‐５に記載の通りである。

割引率としては、一般的に、図表４‐６のように算出されるＷＡＣＣ（Weighted Average Cost of Capital：加重平均資本コスト）が用いられ、その前提となる資本コストは、図表４‐７に記載するＣＡＰＭ（Capital Asset Pricing Model）から算出されることが一般的である。

ＤＣＦ法の最大の特徴は、対象企業の事業計画を用いて企業価値評価をする点にある。

ＤＣＦ法の主なメリットは、事業計画の策定を通じて「業界平均と異なる対象企業独自の成長性やリスク等を反映できる」「経営権の異動を反映することができる」「Ｍ＆Ａに伴うスタンド・アローン・イシューの影響とシナジー効果及びディス・シナジー効果を反映できる」ことにあり、また、「対象企業が非上場企業の場合にも採用が可能」である。

留意点としては、「企業価値評価が不確実性を伴う事業計画に依拠しており、また前提条件や割引率の変化で企業価値が大きく変動する」「事業計画に主観や恣意性が含まれてしまう」「評価手法が複雑である」点があげられる。

ＤＣＦ法の実務面における最大のポイントは事業計画の策定にあり、「確からしさ」をどのように高めていくかである。将来のことであり不確実性を伴うことは避けられないが、事業計画を構成する要素の整合性は適切に検証する必要がある。また、取得者である場合には、M&A後のPMIも考慮することとなる。

また、割引率の設定も重要な要素となっている。割引率により企業価値の評価結果が大きく変動するため、論理的であり、かつ、実務慣行に従って設定することが重要になる。

時価純資産法

時価純資産法は、対象企業の時価評価した資産・負債の差額である純資産をもって企業価値とする評価手法である。なお、資産の時価評価にあたって、対象企業における超過収益力の源泉となるのれんを純資産に加算する場合がある。

時価純資産法で調整されることが多い項目として、不動産・有価証券の含み損益、不良在庫、回収可能性の低い売掛金、固定資産の減価償却不足、引当金・資産除去債務の計上不足、未認識の退職給付債務等があり、これらについて税金への影響を考慮して、純資産額を算定することになる。

時価純資産法の主なメリットは、「評価手法が比較的シンプルかつ明瞭である」「対象企業が非上場企業の場合にも採用が可能である」ことにある。

留意点としては、「対象企業の収益性を企業価値に反映することができない」「M&Aに伴うシナジー効果及びディス・シナジー効果を反映できない」があげられる。

実務的には、取得者にとって、清算しなければ入手できない対象企業の会計上の純資産の額ではなく、対象企業が継続企業（ゴーイング・コンサーン）として創出する利益やキャッシュ・フローこそが企業価値の源泉であるという考え方が一般的であるため、上場企業の関与するM&Aにおいては、対象企業が不動産会社である等の例外を除くと、用いられることが少ない。

一方で、非上場のオーナー企業間のM&Aにおいては、その明瞭さと、オーナー経営者がこれまで過去蓄積してきた利益の総和である純資産に基づく評価手法であるという経緯・性質から、時価純資産法が幅広く用いられている。

EPS分析、IRR分析、プレミアム分析

企業価値の評価手法ではないが、M&Aの意思決定における重要な財務上の分析として、EPS分析、IRR分析及びプレミアム分析を見ていきたい。

まず、ＥＰＳ分析について述べる。

企業価値の向上がＭ＆Ａの目的であるが、取得者における一株当たり利益の増加は、企業価値の向上を端的に表す。株価は一株当たり利益×ＰＥＲで構成されるため、ＰＥＲが一定であるならば、一株当たり利益の増加分にＰＥＲを乗じた金額分、株価は高まることとなる。ＥＰＳ分析では、取得者の連結決算での事業計画に、Ｍ＆Ａによる子会社の異動や借入金利の発生等の影響を反映させ、Ｍ＆Ａの実施前と実施後における取得者のＥＰＳを比較するという手順で行われる。

なお、ＥＰＳ分析の結果、一株当たり利益がマイナスとなるＭ＆Ａについて、その妥当性を説明することは難しく、ＥＰＳ分析は、Ｍ＆Ａ取引価格の上限を定める効果を有する。

次に、ＩＲＲ分析について述べる。

ＩＲＲ分析は、Ｍ＆Ａに投下した資金の収益率を計算する方法である。上場企業では、投資判断の基準として、自社の株主資本コスト等を参考に目標ＩＲＲの水準を設定していることも多く、その基準を達成することが、投資の最低条件となっている。

また、求めるＩＲＲの水準は、対象企業の事業リスクとの比較で判断されることもある。

最後に、プレミアム分析について述べる。

プレミアム分析は、市場株価に対する価格の上乗せ額に関する分析である。市場株価法、類似会社比較法の留意点として、株価が経営権を有さない一株当たりの価値であることを述べたが、プレミアム分析により補完することが可能となる。公開買い付けや上場企業を対象とした経営統合（合併・株式交換・株式移転）の事例における買い付け価格または統合比率の市場株価に対する上乗せ額の割合を用いて分析することとなる。

M&Aプロセスにおける企業価値評価

企業価値評価の前提条件

前項では、企業価値評価の評価手法について概観したが、「企業価値評価の位置付け」でも見てきたように、企業価値は、一義的に決まるものではなく、その前提条件により変動することとなり、企業価値評価においては妥当性の高い前提条件を設定することが最も重要である。

まず、企業価値評価において、取り扱う個別の情報やそれに基づく事業の見通しについては、各当事者が重要性を考慮しながら合理的な範囲で最善を尽くす必要がある。完全情報がない以上、最後は「割り切る」ことになるが、少なくとも利用している情報や各情報の因果関係の合理性については、確認する必要がある。

また、M&Aにおける企業価値評価の前提条件における重要な論点として、「スタンド・アローン・イシューによる影響」「ストラクチャーによる影響」「シナジー効果及びディス・シナジー効果の取り扱い」があげられる。

スタンド・アローン・イシューとは、譲渡者が企業である場合、対象企業が譲渡者の企業グループを離脱することに伴う、対象企業の独立した企業としての体制整備に関連する事項である。

例えば、対象企業が譲渡者の企業グループの物流網を利用している場合、M&Aの実行後はその機能が利用できなくなる、または、第三者間取引となり取引条件が見直されるリスクが生じる。

以下のような場合には、スタンド・アローン・イシューとして、事業運営に関連した諸要素についてM&Aによる影響を考慮する必要がある。

①譲渡者の企業グループが対象企業の販売・仕入れ等の直接の取引相手である場合
②譲渡者の企業グループが対象企業の販売・仕入れに関与している場合
③対象企業が譲渡者の企業グループに対して物流・倉庫・通関、研究開発・知財、経理、人事、システム及びその他の間接業務を委託している場合

④対象企業と譲渡者の企業グループでオフィス・工場・物流施設等の事業用不動産の賃貸関係がある場合

⑤譲渡者の企業グループがCMSを導入しており、資金面で一体となっている場合

取得者は、このスタンド・アローン・イシューに関連して追加的に発生する費用の増減については、企業価値評価に反映した上で、M&Aの意思決定をする必要がある。

一方で、譲渡者は、現状のグループ運営を継続することと、M&Aを実行することの比較の中でM&Aの取引価格の妥当性を考慮することになるため、スタンド・アローン・イシューを企業価値評価に反映しないことが多い。

次に、ストラクチャーによる影響である。

合併等の組織再編によるM&Aでは、対象企業において会計・税務面での影響が生じることがある。例えば、国内案件では、税務上、非適格再編に該当する方法で合併等の組織再編をした場合には、対象企業が保有する資産・負債の時価評価をして税務申告時にその評価損益を益金・損金として計上する。その他では、一般的に検討課題となるのは、合併等の組織再編に加え、対象企業が連結納税対象に加入・離脱する場合の影響、多額の役員退職慰労金の計上といったM&A取引によって発生する特殊な費用や益金・損金の取り扱い等である。

また、海外案件の場合には、現地の制度への対応が要請される。

取得者は、このような、M&Aのストラクチャーに基づいて発生する会計・税務面の影響について、企業価値評価に反映させることが多く、少なくとも税務面については、その影響を考慮した上でのM&Aの意思決定が必要である。

譲渡者は、基本的にスタンド・アローン・イシューと同様の考え方になり、現状のままでの企業価値評価をすることになるが、ストラクチャーに関連して譲渡者で発生する追加的な税負担については、M&Aの意思決定において検討する必要がある。

最後に、シナジー効果及びディス・シナジー効果の取り扱いである。

取得者は、シナジー効果の実現を企図してM&Aを実行することが一般的である。しかし、シナジー効果には多くの不確実性が存在し、特に、企業価値評価に反映できるような定量的なシナジー効果の予測は、限定的な内容にならざるをえない。

このため、M&Aの取引価格にシナジー効果を反映させるか、また、反映させる場合のその水準は、まさしく取得者と譲渡者の交渉力の中で決定される。

取得者は、シナジー効果を考慮したシナリオについて財務シミュレーションすることも多いが、企業価値評価に反映させるかについては、そのM&A取引の戦略上の重要性と譲渡者との交渉から判断することとなる。ただし、ディス・シナジー効果については、企業価値評価において考慮することとなる。

譲渡者は、取得者におけるシナジー効果及びディス・シナジー効果を推定することができないため、企業価値評価に反映することができない。

なお、譲渡者が、スタンド・アローン・イシューの影響、ストラクチャーの影響とシナジー効果及びディス・シナジー効果について企業価値評価には基本的に反映しないと述べてきたが、取得者との交渉における判断材料として簡易的にシミュレーションをすることはある。

M&Aプロセスと企業価値評価

M&Aプロセスでは、対象企業の資料・情報は、M&Aプロセスにおける案件の進展に応じて段階的に開示されていくこととなり、企業価値評価も対象企業の資料・情報の開示状況に応じて精緻化されていく。

「第三章　M&Aの実行プロセス」と一部内容が重複するが、本項では、M&Aプロセスにおいて企業価値評価の実際の作業がどのように進んでいくのか、典型例を見ていきたい。

一般的な、相対交渉の場合とオークション案件の場合のM&Aプロセスについては、図表4-8の通りである。

また、M&Aプロセスにおける M&Aの進捗状況、資料・情報の開示状況及び企業価値評

図表４－８

相対交渉の場合	オークションの場合
案件の検討開始	案件の検討開始（取得者候補への打診）
秘密保持契約締結・初期的資料開示	秘密保持契約締結・初期的資料開示
意向表明書提出 or 基本合意書締結	第一次意向表明書提出
デューディリジェンスの実施	デューディリジェンスの実施
最終契約の交渉	最終意向表明書提出・最終契約の交渉
最終契約の締結・対外公表	最終契約の締結・対外公表
クロージング	クロージング

図表４－９

M＆Aの進捗状況	資料・情報の開示状況	企業価値評価
案件開始	公開資料、信用調査	—
秘密保持契約締結～意向表明書提出／基本合意	基本条件の合意に必要な範囲での決算書、事業計画、事業内容・組織運営に関する資料等の非公開資料	初期的試算
デューディリジェンス～最終契約の交渉	取得者のM＆Aの意思決定に十分な資料・情報	企業価値算定書（中間報告）
最終契約の締結	—	企業価値算定書（最終報告）

価の対応関係は、図表４－９の通りである。

　案件検討開始から秘密保持契約を締結する前の段階では、対象企業の内部情報を入手できないため、ホームページや報道等の公開情報や帝国データバンク・東京商工リサーチ等の信用調査、上場企業の場合には有価証券報告書等のＩＲ資料に基づいて対象企業の分析を進め、Ｍ＆Ａの可能性について取得者と譲渡者で初期的な意見交換をすることになる。

　この段階では入手できる情報が非常に限られており、特に対象企業の事業計画もないことが多いため、企業価値評価の作業も、市場株価法、類似会社比較法及び類似取引事例法による取引価格の目線づくりに留まることとなる。

次に、取得者と譲渡者の間でM＆Aの協議を開始することとなった場合、秘密保持契約を締結し、取得者と譲渡者の間で基本条件の合意に向けた協議が進められる。

デューディリジェンスに進むと、対象企業は営業秘密を含む詳細な情報を開示することになり、また、取得企業においても専門家費用等を含む多額の費用が発生するため、M＆Aの実行に係る法的拘束力はないものの、M＆Aの取引価格のイメージ、ストラクチャー、M＆A後の対象企業の事業運営、その他案件固有の重要事項といった基本条件について、取得者から譲渡者への意向表明書の提出または取得者と譲渡者の基本合意書の締結といった書面によって確認することとなる。

この段階では、基本条件の合意に必要な範囲で、決算書、事業計画、事業内容・組織体制等に関する主要な資料・情報が開示される。また、譲渡側でこれらの情報をとりまとめた、インフォメーション・メモランダムまたはインフォメーション・パッケージと呼ばれる20～100ページ程度の対象企業の説明資料を開示することで個別資料の開示を省略することもある。

取得者と譲渡者の間で合意する基本条件には、M＆Aの取引価格のイメージが含まれるため、この段階で「初期的試算」等と呼ばれる限定された資料・情報と幅広く変動する前提条件に基づく、市場株価法、類似会社比較法、類似取引事例法及びＤＣＦ法等のその案件において適用される全ての評価手法を用いた企業価値評価が行われることとなる。

取得者と譲渡者の間で基本条件に合意した後は、最終契約の協議・合意に向けたデューディリジェンスが行われる。

最終契約はＭ＆Ａの取引実行に関する法的拘束力を有するため、デューディリジェンスでは、弁護士・公認会計士等の専門家を起用し、取得者のＭ＆Ａ実行の意思決定に必要な対象企業の全ての資料・情報の開示を受けることとなる。

企業価値評価では、このような資料・情報に基づいて対象企業の財務内容、事業計画及びリスク要因を詳細に把握・分析し、それらの結果を反映した「企業価値算定書[*5]」と呼ばれる取得者のＭ＆Ａの取引価格の意思決定に必要な資料を作成することとなる。

初期的試算と企業価値算定書では、基本的に共通した評価手法を用いることになるが、企業価値評価に用いる資料・情報の量と精度に大きな差があり、初期的試算では多くの前提条件を仮置きした内容であるが、企業価値算定書においては対象企業の詳細な資料・情報に基づく精緻化された内容となる。

なお、企業価値算定書であるが、デューディリジェンスを経た最終契約の交渉のために提出する段階では、中間報告またはドラフトという位置付けとしていることが多い。

そして、最終契約の条件交渉が調い、最終契約を締結することとなった場合には、取得者及び譲渡者は、企業価値算定書の最終報告を受領し、最終契約に関する機関決定を行うこととなる。

取得者及び譲渡者は、最終契約に関する取締役会または投融資委員会等の機関決定の時点におけるM&Aの取引価格の決定の妥当性を確認するため企業価値算定書を必要とするが、デューディリジェンスの終了から最終契約に関する機関決定までは、一定の期間を要することが多いため、デューディリジェンス終了時点の企業価値算定書は、中間報告またはドラフトという扱いとして、企業価値算定書の最終報告は、最終契約に関する機関決定の時期に合わせて行われることとなる。

また、実際のM&A案件では個別事情が存在するため、そういった個別事情に応じた柔軟な対応が必要となる。例えば、案件検討開始時でも、譲渡者がM&Aを実行する動機に乏しい中、取得者の強い意思によりM&Aを進めたいと考えている場合には、譲渡側を説得するような積極的なM&Aの取引価格の提示をするために、公開情報ながらも初期的試算等より踏み込んだ企業価値算定をすることがあり、こういった個別事情に即した進め方を選ぶことでM&Aの成約率を高めることが可能となる。

企業価値評価と専門家の役割

最後に企業価値評価における専門家の役割について見ていきたい。

まず、専門家を活用する理由として、専門家の専門知識と豊富な経験を利用して対象企業の企業価値に関する理解を深めることで、M&Aの意思決定における判断材料の質を高めることと、相手方との交渉において有利な取引条件を引き出すことがあげられる。

企業価値評価における対象企業の分析では、業界環境や事業内容については、顧客企業の側が熟知しているが、対象企業についてのファイナンス・会計・税務・法律の観点からの分析・解釈やM&Aの実行に伴う影響について、専門家に対して意見を求めることができる。

相手方との交渉の中で、どのような方法・範囲でリスクを負うのか最終判断するのは当事者である企業であるが、専門家の提供する分析内容、効率的なリスク・プランニングと相場観のある意見は、その当事者である企業の最終判断を支える効果がある。

また、対象企業の企業価値に影響を与える要因への理解は、相手方との交渉において、相手方が気づいていない・重視していない論点の指摘や、過度に重視している論点に対する反論等を通じ、M&Aの取引条件をより有利にしていく効果も期待できる。

また、経営陣は、M&A、特に諸条件の中でも取引価格に関する経営判断の合理性・妥当性について株主に対する説明責任を負っており、慎重かつ十分な検討をする必要がある。専門家を起用することで、より適切なプロセスを経た意思決定であることを証することができる。

このような役割を期待して、企業価値評価等の専門家であるFA[*6]や企業価値評価の前提となる企業の実態把握とリスク・プランニングを支援する弁護士・公認会計士・税理士等の起用を検討することとなる。

例えば、企業価値の評価手法でも、類似企業比較法は同業他社の財務数値を入力すれば良いだけに見えるが、類似企業の選定の妥当性や入力する財務数値をどの勘定科目をどのような組み合わせで扱うべきなのかといった基礎的な要素から、種類株式を発行している・親会社が存在する等の資本面の特殊性がある場合、類似企業の財務上の異常値を計上している場合の対応等、細かなノウハウが必要になる。

また、FAの専門性が最も活かされる評価手法がDCF法である。DCF法の留意点として事業計画や前提条件及び割引率の変化による評価結果の変動の大きさや、恣意性が入り込む可能性について先述したが、FAの経験・ノウハウを活用することでより適切な企業価値の評価結果を得ることができる。

これらのように、ＦＡの有するこのようなノウハウに基づき、対象企業の実情に即して企業価値評価をするとともに、相手方が適切な扱いをしていないポイントがあれば指摘して交渉を進めることで顧客企業にとってＭ＆Ａの取引価格の妥当性を高めることが可能となる。

[1]「企業価値評価の考え方と留意点」に後述のように、企業価値と類似するものとして、価値の対象となる範囲によって、事業価値及び株式価値もある。本章では、特段の説明がない場合には、便宜上、これらを総称して企業価値とする。
同様に、企業価値評価についても、価値評価の対象となる範囲によって、事業価値評価及び株式価値評価がある。また、合併等の組織再編によりM&Aの両当事者の株式価値を算出し、株式の比率を求める場合には、合併比率等の評価となるが、便宜上、これらを総称して企業価値評価とする。

[2]単純化して記載したが、実際のM&Aにおける企業価値の向上においては、対象企業の企業価値向上やM&Aの取引価格に限定して取得者または譲渡者の企業価値向上を判断する必要はない。例えば、譲渡者は、対象企業に配分していた資金その他の経営資源を、成長性や期待利益率の高いその他の事業に投資することで、譲渡企業グループ全体の企業価値の向上を図ることができる。また、取得者は、対象企業がグループ会社になることによって対象企業の既存のグループ会社で利益・キャッシュフローの増加が見込まれ、取得企業グループ全体の企業価値の向上を図ることができる場合もある。
なお、このような効果が期待できる場合、譲渡者は対象企業の企業価値と同水準の取引価格でM&Aを実行しても、譲渡者グループとしての企業価値向上を図ることができ、実際に、「ノンコア事業の整理」「事業ポートフォリオの見直し」と言われる一般的なM&Aはこのような視点のもと実行されている。

また、不特定多数の株主の存在する企業と異なり、オーナー企業の事業承継案件では、オーナー経営者がM&Aの取引価格の最大化の義務を負っているものではない。M&Aの取引価格は、譲渡者たるオーナー経営者が満足する水準であれば足りることとなり、オーナー経営者は、M&Aの取引価格に加え、対象企業の成長等の多面的な要素を考慮した総合的な観点から判断することとなる。

[3]earnings before interest, taxes, depreciation and amortization の略。支払利息、税金及び償却費控除前の利益。

[4]純資産のうち株主に帰属する金額。簡易的には、純資産から非支配株主持ち分を控除することにより計算。

[5]価値評価の対象が、株式価値である場合には「株式価値算定書」、事業価値である場合には「事業価値算定書」となる。また、M&Aの両当事者の株式価値を算出し、株式の比率を求める合併、株式移転、株式交換、吸収分割の場合には、それぞれ合併比率算定書、株式移転比率算定書、株式交換比率算定書、分割比率算定書という。

[6]フィナンシャル・アドバイザーの全般的な業務については、「第三章　FA選定」を参照。

第五章

買収スキーム

多様化する買収ストラクチャー

買収ストラクチャーの全体像

Ｍ＆Ａの形態は、会社法等の改正に伴い、多様化してきている。また、最近は旧来の経営権の移転を伴うＭ＆Ａのみでなく、業務提携なども広義のＭ＆Ａの概念に含めて考えることもある。

図表５‐１は、Ｍ＆Ａの形態の全体像を整理したものである。

合併

合併とは、複数の会社が、法定の手続きに従って、一個の法人格を有する会社となることであり、その形態には、新設合併と吸収合併の二種類がある。

吸収合併は、当事会社の１つ（存続会社）が他（消滅会社）の全ての権利義務を包括的に承継し存続、他は解散する形態である。

一方、新設合併は、全ての当事会社（消滅会社）が解散し、新たに設立される新会社（新

図表５－１　Ｍ＆Ａの形態の全体像

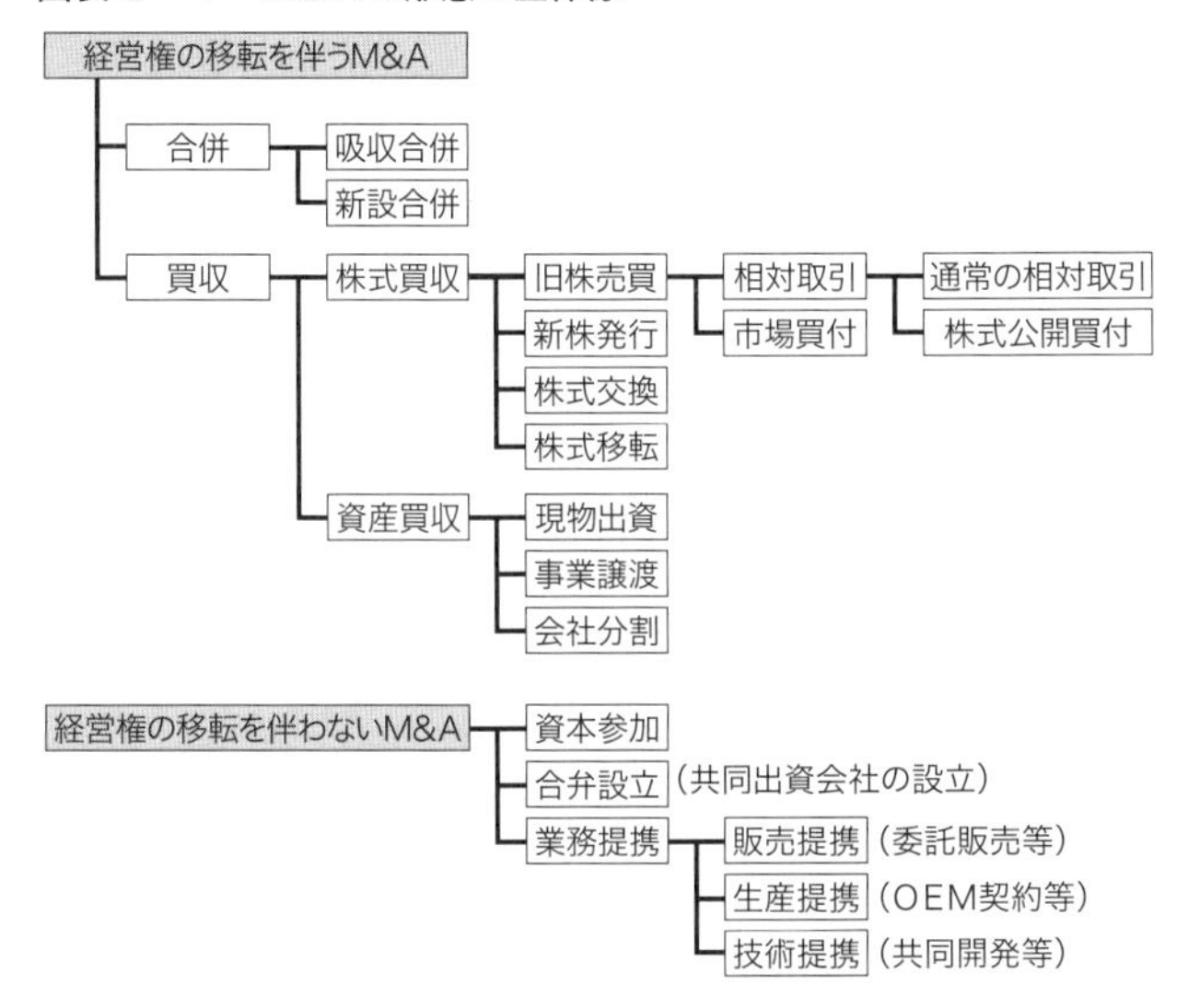

図表５－２　合併のイメージ図

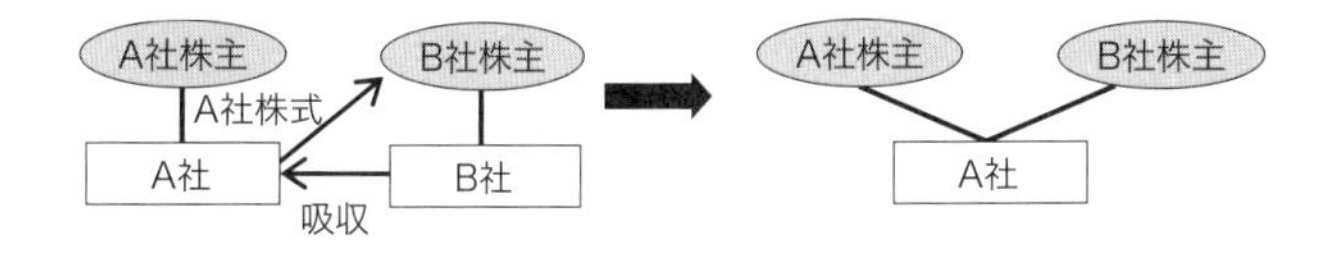

設会社）が、解散する会社の全ての権利義務を包括的に承継する形態である。なお、実務面では、営業許認可等の再取得手続き、新株券発行に伴う追加費用の発生等の理由から、ほとんどが吸収合併の形態をとっている（図表5－2）。

買収

買収には、株式取得と資産取得の二種類がある。

株式取得とは、買収側が被買収会社の株式を取得する方法をいい、既存株式の取得、新規株式の取得（増資引き受け）、株式交換、会社移転の四つに分類される。

①既存株式の買収

既存株式の取得には、未上場会社の場合と、上場会社の場合に分かれる。

未公開会社の場合は、発行済み株式の大半をオーナーが保有している場合が多く、買収側とオーナーとの間で、相対取引される場合が多い。

一方、上場会社の場合は、証券会社等を通じて、株式市場で流通している株式を取得する方法と、一定の要件を満たす場合に、買収側が事前に株式取得の意向を公表し、証券市場外で株式を取得する方法がある。後者は、株式公開買い付け（ＴＯＢ）と呼ばれる手法であり、ＴＯＢの要否要件や、インサイダー取引規制等への抵触懸念がないか等、実際に採用する際には、細心の注意を要する（図表５‐３、５‐４）。

②新規株式の取得（増資引き受け）

被買収側が、新規に株式を発行し、買収側に割り当てる方法である。既存株式の売買では、株式取得の対価が、旧株主に支払われるのに対し、新規株式の取得では、被買収企業そのものに対価が支払われる点が一番の相違点である。買収側にとっては、買収の対価を、被買収企業の成長資金として活用できるメリットがある（図表５‐５）。

③株式交換

株式交換とは、被買収側の株主が保有する株式と、買収側企業の株式を交換する事によって、被買収企業を１００％子会社化する手法である。この場合、株式交換比率の算定が大きな論点となる（図表５‐６）。

図表５－３　株式譲渡のイメージ図

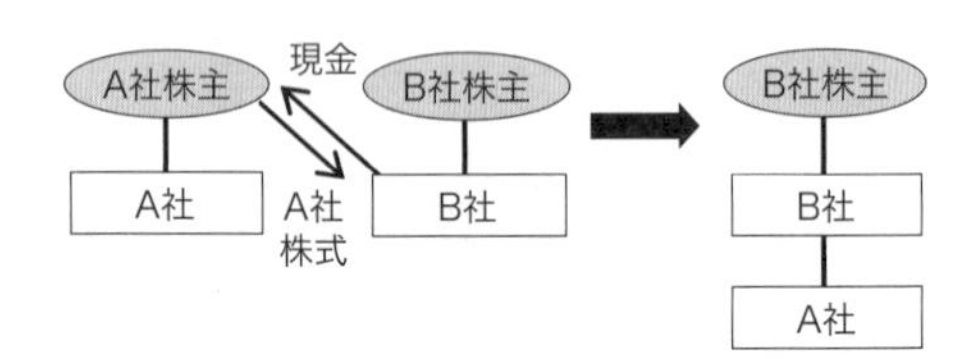

図表５－４　株式公開買付が必要となる要件

項目	要件
対象となる会社	上場企業など、有価証券報告書の提出義務を負う会社
対象となる株式	株券、新株予約権証券 等
買付様式	・市場外買付で 5%を超える場合（但し、60日間で10名以下の者からの買付の場合を除く） ・著しく少数の者（60日間で10名以下）から市場外の買付等で 1/3を超える場合 ・立会外取引による買付等で 1/3を超える場合 ・急速な買付等（市場外取引、市場内取引、増資等の組合せで行う場合等）

図表５－５　増資引受のイメージ図

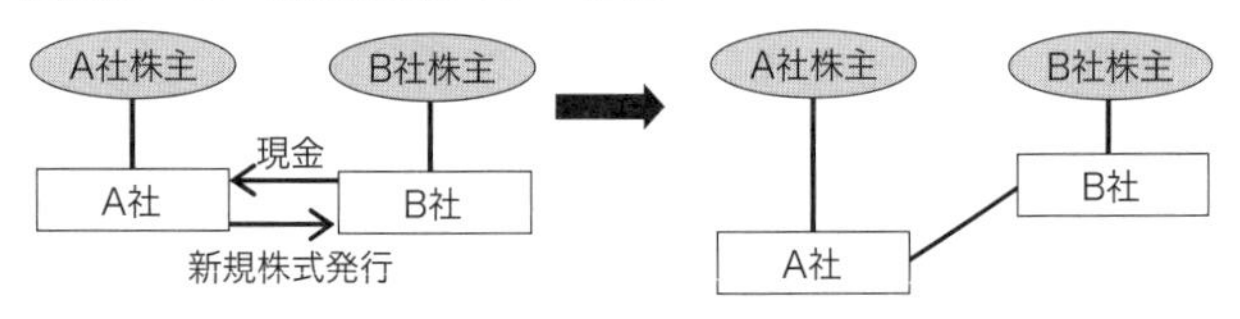

図表５－６　株式交換のイメージ図

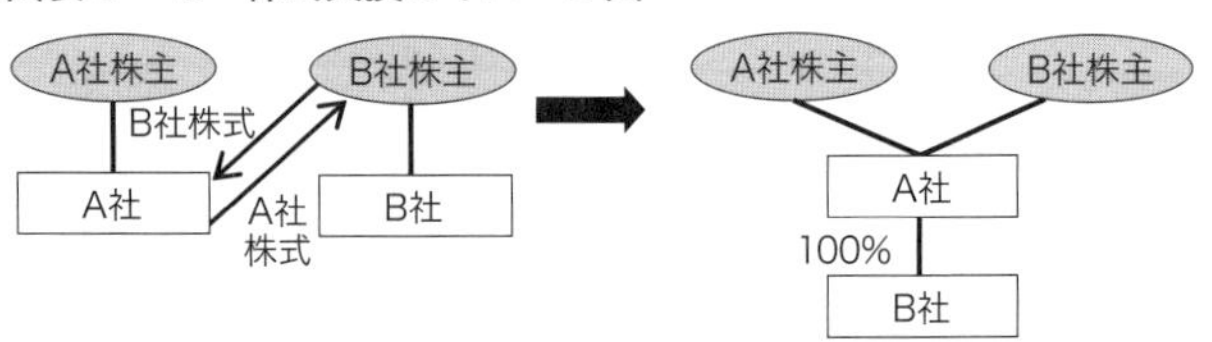

図表５－７　株式移転のイメージ図

単独株式移転

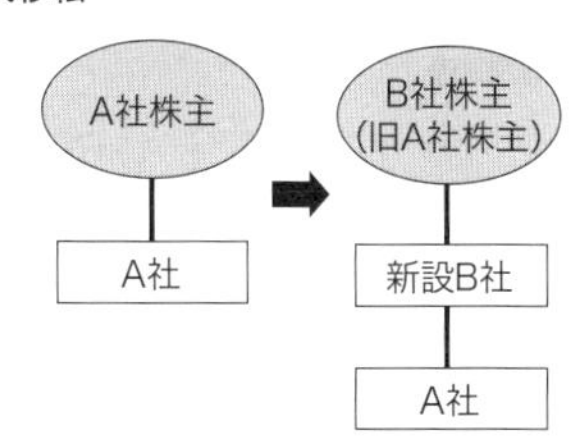

共同株式移転

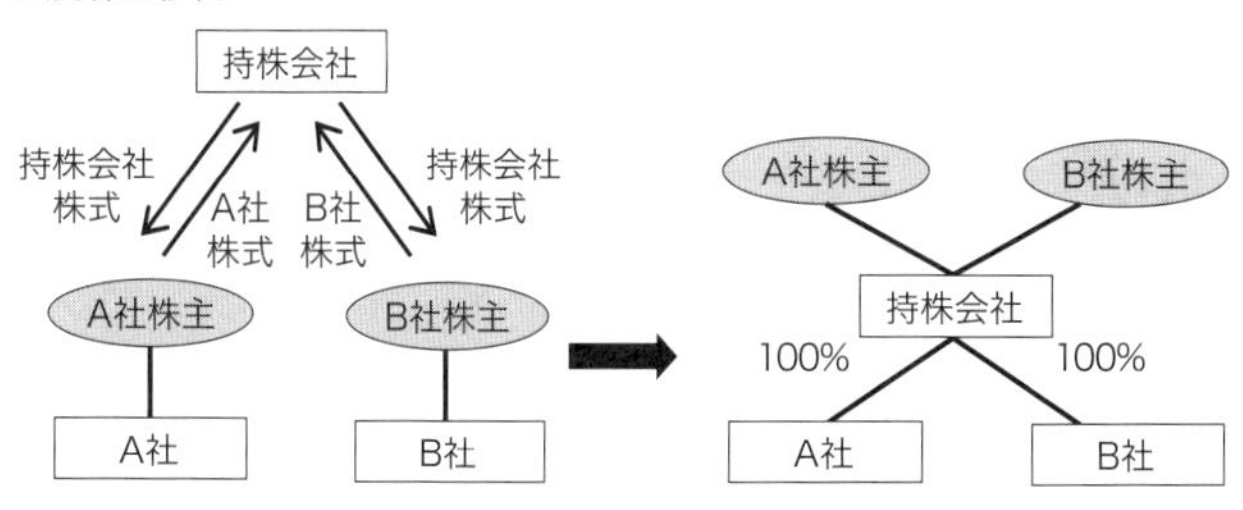

④株式移転

株式移転とは、当該会社の発行済み株式の全てを新設する会社に取得させる手法である。株式移転には、主に持ち株会社化等のグループ内再編に活用される単独の会社で実施する単独株式移転と、複数の会社で経営統合する場合に活用される共同株式移転がある（図表５-７）。

共同株式移転の場合、実質的な買収会社は、新たに設立されることとなる持ち株会社（完全親会社）を支配することによって、対象会社を支配する事となる。なお、経営統合の際に共同株式移転方式による持ち株会社設立を選択する場合が多いのは、

図表5－8　現物出資のイメージ図

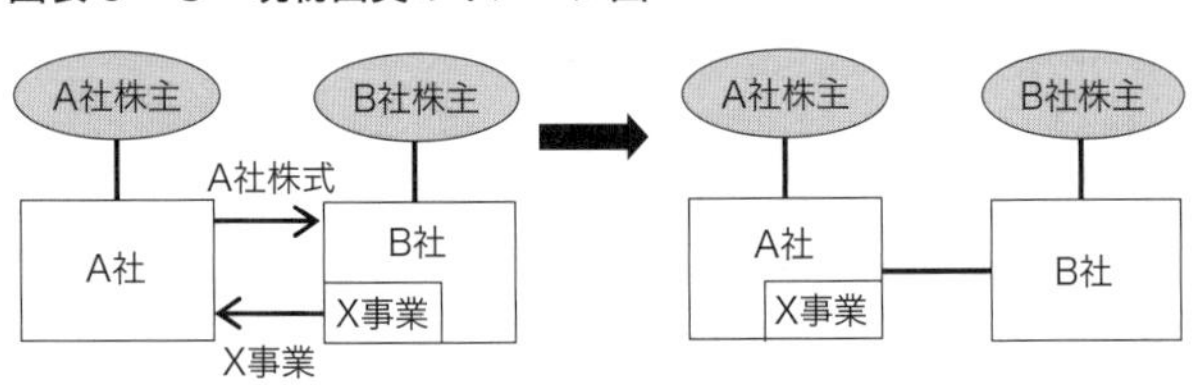

統合する会社間に資本関係上の上下関係を生じさせないこと、合併と異なり組織の統合を段階的に実施できること等のメリットがあるためである。一方で、両者間の融合が進まず、間接部門が二重に存在するなど、弊害も生じやすい点は留意が必要である。

資産買収

次に、資産取得は、大別すると、現物出資、事業譲渡、会社分割の三つに分類される。

①現物出資

現物出資とは、現金で出資するのではなく、不動産や事業等の現金以外の財産で出資を行うことをいう。元々は、会社分割の手法が創設されるまでの間、分社化の有力な手法として活用されていたものである。現物出資は、増資として新株を引き受ける対価として、現金以外の財産を出資する行為であり、個々の権利義務が選択的に

図表５－９　事業譲渡のイメージ図

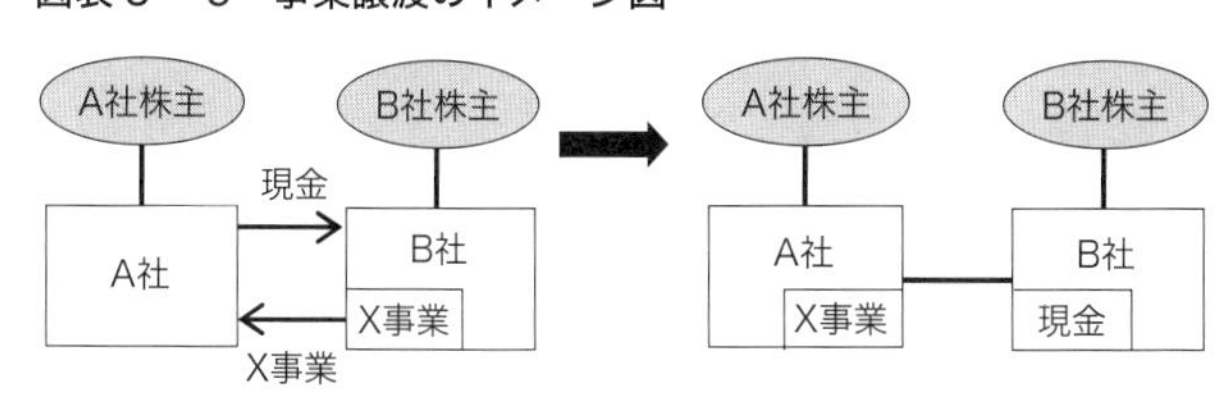

承継される等のメリットがある一方、原則として検査役による調査が必要となる等、一定の諸手続きと期間が発生する点は留意が必要である（図表５‐８）。

②事業譲渡

事業譲渡とは、買収側が、必要とする事業資産の全部又は一部を、従業員等を含めた事業そのものとして承継する方法である。事業譲渡の取引とは、土地、建物、機械等の財産を単体として個別に評価して売買するものであり、更に、それらの設備を利用する技術、取引先関連、事業が有機的一体として機能するための従業員を含めた組織等の無形資産も含めた売買となる。このため、一定の営業権・のれんの価値が加味されて売買されるのが一般的である（図表５‐９）。

③会社分割

会社分割とは、被買収会社の有機的一体となった事業を切り分け、

図表５－10　会社分割（新設分割・吸収分割・物的・人的それぞれ）のイメージ図

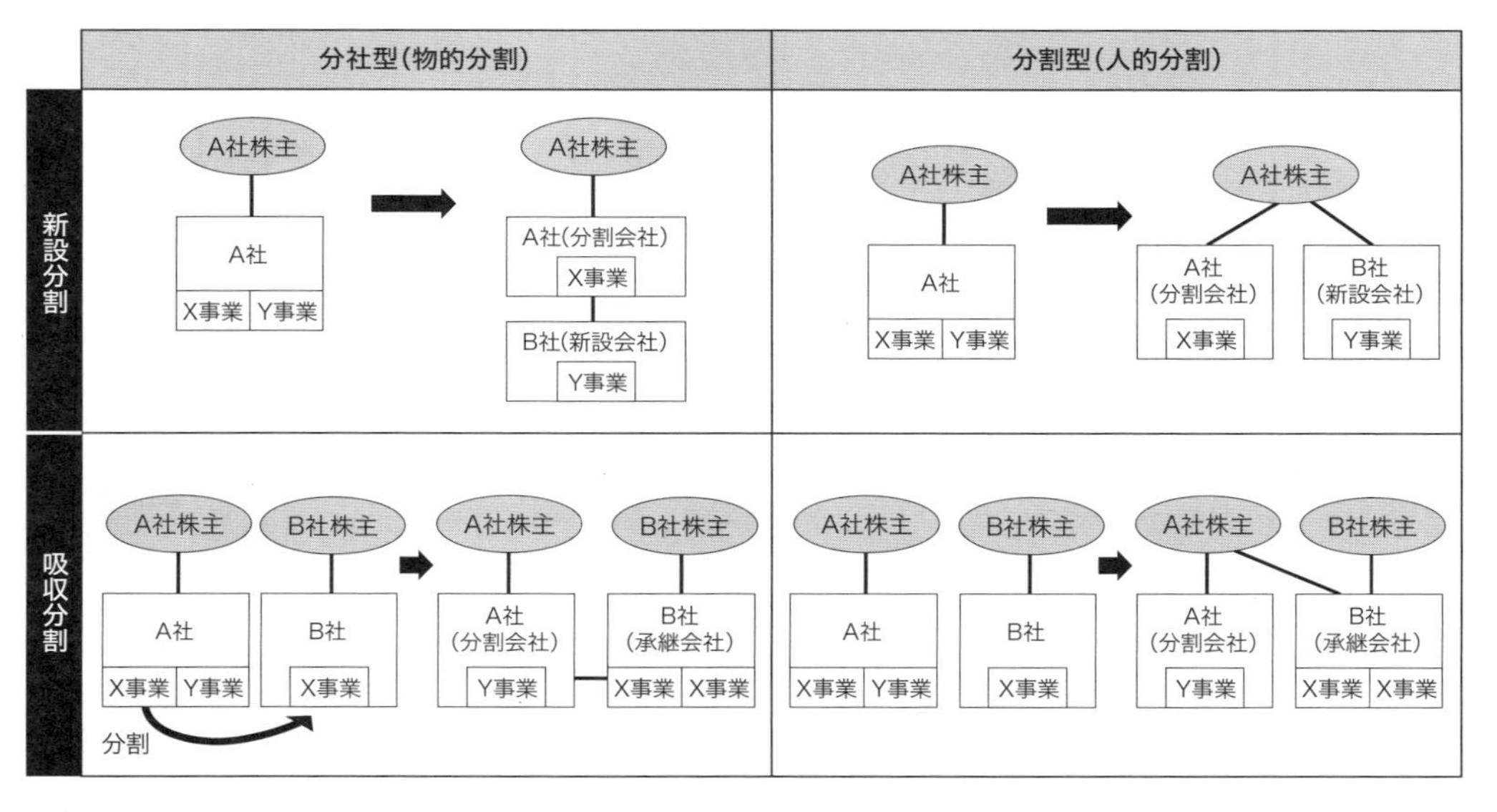

買収側に承継させる方法であり、新設分割と吸収分割の二種類がある。更に、分割の対価を受け取るのが分割会社か、分割会社の株主かにより、分社的分割（物的分割）と、分割型分割（人的分割）に分かれる（図表５‐10）。

提携

提携とは、２社以上の会社が互いに業務面・資金面で協力しあう事をいう。提携は、合併や買収と異なり、会社の経営権を取得する、もしくは相手の会社を支配する目的がないため、通常は狭義のＭ＆Ａの範囲に入らない。一方、業務面で強力な提携関係を構築することにより、一体化した事業展開が可能となり、合併・買収と同じような効果が期待できる場合もある。また、合併・買収の前段階として利用される場合もある。従って、「広義のＭ＆Ａ」として取り扱われる場合も多い。

①資本参加

一方が他方の株式を取得又は株式持ち合いを行う事により、業務提携関係をより強化する手法である。この手法は、株式取得によるＭ＆Ａと類似する取引となるが、相手側企業の経営権の取得を目的としていない点で、大きく異なる。

②合弁会社設立

合弁会社設立とは、2社以上の会社が、特定の事業を統合させる等によって、事業を更に強化していく手法をいう。合弁会社の出資比率次第では、相手方事業の取得という整理もできる形態である。

③業務提携

業務提携は、お互いの共同事業展開をより効率的、より強力に推進するための手法であり、研究開発、生産、販売等での提携が実施される。一般的には、「資本・業務提携契約」といった契約を締結し、業務面での提携に加え、資本面での一部提携も同時に実施されることがしばしばある。

各買収ストラクチャーのメリット・デメリット

これまでに見てきたM＆Aの各ストラクチャーには、それぞれメリット・デメリットがあり、それらを十分理解した上で方法を選択することが望ましい。
以下ではそれぞれの方法のメリット・デメリットを整理する。

資金事情から見たメリット・デメリット

基本的に買収をする場合にはそれに対する資金が必要になり、買収を仕掛けようとする会社はそれだけのキャッシュアウトに直面することになる。ただし、買収の対価として自社の株式を提供する株式交換や、株式移転を活用した経営統合であれば資金は必要としない。一方、対象企業の増資を引き受け資本参加した場合には、支払った資金が（子会社となる）相手先の企業に入るため、買収後にこれを事業用の資金として利用することが可能になり、出資比率にもよるが実質的にはキャッシュアウトを生じないと言える。また、合併であればキャッシュアウトは生じない。

M&Aによる潜在リスク要因から見たメリット・デメリット

M&Aを行う際には事前に綿密なデューディリジェンスを行い、リスクを可能な限り低減すべきであるのはもちろんであるが、それにもかかわらずM&A後にそれまで隠れていたリスクが顕在化することがある。代表的な例では簿外債務や不良資産が発見されたり、法的リスクの顕在化（製品の欠陥・労働問題に関して訴訟を起こされることなど）、環境リスクの顕在化（M&A対象企業の土地で有害物質が検出されるなど）などが考えられる。

これらのリスクが顕在化したときの影響の大きさはM&Aの形態によって左右されることになる。もっともリスクを低減できるのは事業譲渡であろう。事業譲渡は対象企業の個別の資産毎に譲渡を行うために、対象企業のそれ以外の部分でリスクが顕在化してもそれになんら影響されることはないからである。逆にもっともリスクが大きくなるのは合併である。これは対象企業の法人格、権利・義務関係を包括的に受け継ぐために、対象企業の業務活動によって生じるリスクに対しても無限責任を負わなくてはならないからである。対象企業のリスクを全て被るものの、有限責任でその上限が規定される株式取得はリスク回避の観点からは前二者の中間に位置することになろう。

M&A実行の手続き面から見たメリット・デメリット

M&A実行の上でネックとなるのは、株主総会で賛成を得られるか否かである。特に合併や事業譲渡（規模の小さいものを除く）は、当事者双方が株主総会において特別決議で決定しなくてはならない。さらに合併においては様々な債権者保護の手続きをとらなくてはならず、この面から見たハードルは高い。

この点、株式買収は優れているといえよう。株式を売却するか否かは個々の株主の判断に任されているために、株主総会の決議を経なくても有利な価格を提示すれば買収が可能である。特に敵対的な買収を仕掛けるのであれば、とり得る手段は株式買収しかない。

ただし、株式買収の中でも株式交換や株式移転を利用する場合には、やはり株主総会の特別決議が必要となる。合併と異なるのは原則として債権者保護手続きが必要でないという点である。これは、株式交換や株式移転はそれによって親会社になる会社も、子会社になる会社も、会社の財産や資本は減少せず、どちらの株主にとっても不利益は生じないはずだと考えられるからである。

税務面から見たメリット・デメリット

税務面のポイントは2つあるが、一つは取引が実行される際の譲渡益に対する課税を避けられるかどうかである。基本的に買収や事業譲渡は時価で行わなくてはならず、その時点で

M&Aの対象企業の資産の含み益・含み損は実現されることになる。そして、含み益が実現した場合には売り手にとって譲渡益に課税が生じることになる。また、資本関係のある会社同士が時価での取引が行われず、時価より低い価格で売買が成立したとすると、売り手から買い手になんらかの利益の贈与があったと見なされ買い手にみなし譲渡課税が課される。また時価より高い価格で売買が成立すると、買い手から売り手に利益の贈与があったと見なされ、売り手にみなし譲渡課税が課されてしまう。

二つめは相手の超過収益力・将来性・ブランド力を評価して簿価よりも高めの値段で買った場合に営業権を計上できるかどうかである。営業譲渡であれば超過収益力を営業権として資産計上し、これを数年にわたって費用化できるために節税効果が見込まれるというメリットがある。

近年、合併・分割・現物出資・現物分配・株式交換・株式移転の組織再編行為が、課税対象となるか否かについては、一定の整備がされてきている。買収スキームを選択する上では、買収側、売却側、売却対象企業にとっての税務的影響を検討することが非常に重要である（図表5－11）。

図表５－11　組織再編税制の概要

１．組織再編成の当事者である法人の課税の取扱い

○ 合併・分割・現物出資・現物分配・株式交換・株式移転

資産が移転する際にはその移転資産の譲渡損益(株式交換及び株式移転の場合には時価評価損益)に課税するのが原則。但し、次の組織再編成で、合併法人等の株式のみの交付(合併、分割及び株式交換については、合併法人、分割承継法人又は株式交換完全親法人の100%親法人の株式のみの交付を含む)をする場合には、課税繰延べ。

適格要件

企業グループ内の組織再編成	共同事業を営むための組織再編成
○ 100%関係の法人間で行う組織再編成 ・100%関係の継続 **○ 50%超関係の法人間で行う組織再編成** 1　50%超関係の継続 2　主要な資産・負債の移転 3　移転事業従業者の概ね80%が移転先事業に従事(株式交換・株式移転の場合は完全子法人の従業者の継続従事) 4　移転事業の継続(株式交換・株式移転の場合は完全子法人の事業の継続)	1　事業の関連性があること 2　(イ)事業規模(売上、従業員、資本金等)が概ね5倍以内　又は(ロ)特定役員への就任(株式交換・株式移転の場合は完全子法人の特定役員の継続) 3　左の2～4 4　移転対価である株式の継続保有(株主) 5　完全親子関係の継続(株式交換・株式移転のみ)

(注)適格組織再編成の共同事業要件のうち「事業性」及び「事業関連性」について、その判断基準を法人税法施行規則において明記。

２．株主の課税の取扱い

株主が、合併法人等の株式のみの交付(合併、分割及び株式交換については、合併法人、分割承継法人又は株式交換完全親法人の100%親法人の株式のみの交付を含む)を受けた場合は、旧株の譲渡損益課税を繰延べ。

図表5－12　株式取得比率と会計上・法務上の意味

議決権比率	会計	法務
15%以上	役員派遣等の影響力基準により、持分法適用	
20%以上	持分法適用	
25%以上		相互保有株式(対象会社が保有する自社株式)の議決権消滅
1/3超		合併・事業譲渡等の重要事項に関する特別決議に関する拒否権
40%以上	役員過半等の支配力基準に基づき、連結化	
50%超	連結化	取締役選任等の普通決議に関する議決権
2/3超		合併・事業譲渡等の重要事項に関する特別決議に対する議決権
100%		少数株主権のない完全な支配

M&A対象企業の株式取得割合による違い

Ｍ＆Ａ対象企業の株式を何％取得することを目標とするかは当該Ｍ＆Ａの目的によって異なるが、実際にそれを達成できるかどうかはＭ＆Ａの方法の制約を受ける。事業譲渡はそもそも対象企業の株主構成に一切の影響を与えず、合併は決議されれば必ず１００％統合の対象となる。

取得割合が問題となるのは株式取得の場合であろう。株式が分散している場合、通常の株式買収では目標とする株式数を取得できるかどうかは不透明であり、買収側にとってはリスク要因となる。一方、株式交換を用いれば株主総会の特別決議により全ての株主に対して株式交換を強制でき、必ず１００％買収が可能になる。

図表５－13　各スキームのメリット・デメリット

		株主総会特別決議	潜在債務の引き受けリスク	買収資金の要否	税制適格要件
合併		必要	無限責任	不要	あり
株式取得					
	株式買収	不要	有限責任	必要	なし
	増資引受	不要	有限責任	必要	なし
	株式交換	必要	有限責任	必要／不要	あり
	株式移転	必要	有限責任	不要	あり
資産買収					
	現物出資	必要	なし	必要	あり
	事業譲渡	必要	なし	必要	なし
	会社分割	必要	なし	必要／不要	あり

また、これらの法的権利の違いに加え、会計的な側面も取得比率を検討する上で重要である。取引の結果、買収対象企業が、持ち分法対象に該当するか否か、連結対象に該当するか否か、買い手としては基本事項として理解をしておく必要があるだろう。更に、買収後の「のれん」の扱いも、会計的な側面として充分な理解を持つ必要がある。日本の会計基準では、資産の部に計上されたのれんは20年以内に規則的に償却し、必要に応じて減損損失を計上する事が求められている。従って、多額ののれんが発生するような買収におい

て、のれんの会計上の償却期間が短い場合には、買収対象会社が黒字であっても、買収後の買い手側の連結損益に対し、マイナスの影響を与える可能性がある。また、近年では、IFRSの導入により、買収時ののれん償却が発生しないような会計処理も行われていることから、会計基準の差によるM&A関連の会計上の差についても理解を深めておくことが必要となる（図表5‐12）。

以上の、各スキームのメリット・デメリットを要約すると前頁の図のようになる（図表5‐13）。

第六章

買収ファイナンス

多様化する買収ファイナンス

買収ファイナンスとは、広い意味では、買収のための資金調達を言う。従って、前章で触れたように、合併や株式交換のような買収スキームの場合には、買収ファイナンスは不要となる。一方で、株式公開買い付けのような買収対価として現金が必要となる買収スキームを採用する場合には、最適な買収ファイナンスの検討が必要となってくる。

図表6-1は、広義の資金調達の選択肢を示したものである。

まず、内部調達であるが、これは企業が内部留保している現金をM&Aに活用するものである。最近では、事業会社の中期経営計画などに、経営戦略の一つとしてM&Aを掲げ、戦略投資枠を設けている事例が見受けられるが、これらは手元資金活用の一例といえるだろう。

次に、外部調達であるが、近年、その選択肢が多様化している事は注目に値する。企業の資金調達の手法は、一般的に金融機関調達と資本市場調達に大きく分類される。このうち、M&Aやファイナンス実務の世界で、「買収ファイナンス」と呼ばれていているものは、金融機関からの資金調達の一類型である「LBOファインナンス」である。そのため、LBOファイナンスを狭義の買収ファイナンスと呼ぶ場合もある。

近年の注目すべき動きは、これらの伝統的な資金調達やLBOファインナンスの発展に加

図表６−１　買収ファイナンスの分類

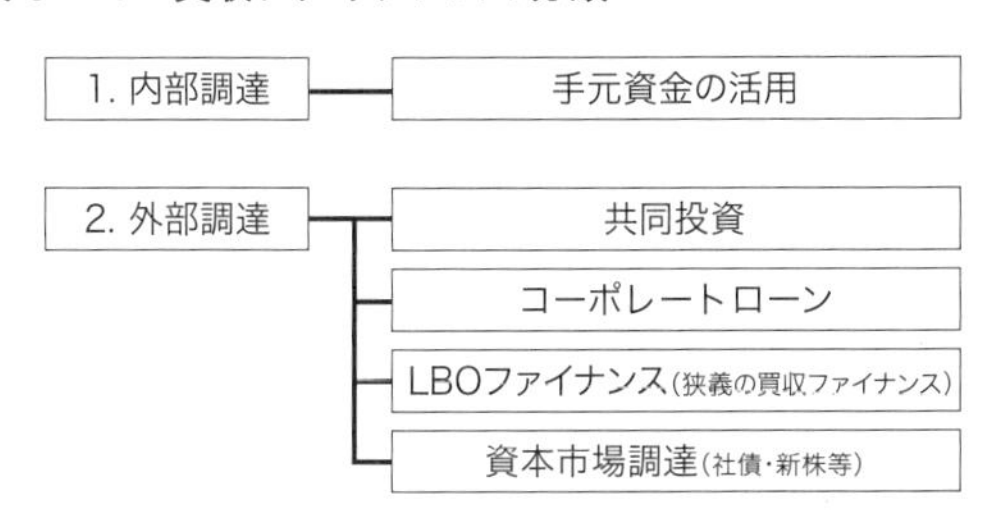

え、特に政府系金融機関などによる共同投資の枠組みが整備されてきた事である。Ｍ＆Ａを検討する企業にとっては、買収ファイナンス検討時の選択肢が広がっており、各社の置かれている状況を踏まえ、最適な買収ファイナンスを選択する事はＭ＆Ａ成功の重要な一要因となっている。

次項からは、近年のＭ＆Ａにおける資金調達の特徴である共同投資及びＬＢＯファイナンス（狭義の買収ファイナンス）について、詳細を解説したい。

共同投資

広い意味で「共同投資」という場合、複数の事業会社による共同買収や、事業会社とプライベート・エクイティ・ファンドによる共同買収等も含まれるが、ここでは、事業会社がＭ＆Ａにおける資金調達の一環として、外部の投資家に、「共同での投資」を要請する事を指すものとする。

この分野においては、近年、日本政策投資銀行等の政府系金融機関によるリスクマネーの供給が強化されている。以下、日本政策投資銀行の具体的な共同投資の枠組みを解説する。

日本政策投資銀行では、平成27年度より、民間による成長資金の供給を促進し、成長資金市場の創造・発展を図ることを目的とし、政府から一部出資措置を受け、時限的かつ集中的にその成長資金（資本性資金・メザニン等）供給を強化するものとして、「特定投資業務」（法定業務）を開始している。日本政策投資銀行は、従来から企業への投資を実施してきているが、この特定投資業務の概要は下記の通りである。

①政策目的

・地域経済の活性化、又は我が国企業の競争力強化

・民間による自律的な成長資金の供給促進に資する事業

②事業要件

・経営資源の有効活用

・経営の革新（新事業開拓・異分野連携等）

・生産性・収益性の向上

③ファンド規模

・平成27年度1300億円でスタートし、今後5年間で5000億円規模を想定

更に、日本政策投資銀行は、この「特定投資業務」（法定業務）に加え、自主的な取り組みとして、「成長協創ファシリティ」を創設し、事業者が将来の成長投資等の実施をにらんで先行的に行う資本政策や、金融機関や投資家等が成長投資等への資金供給のためにあらかじめ連携して行う協働ファンドの組成等、将来的に成長資金市場の創造・発展につながる取り組みに対し、資金を供給することを推進している。

既に、次の事例の通り、特定投資の具体的な案件も出てきており、企業にとっては買収資金の調達方法の一つとして、有効な選択肢となり得るであろう。

事例１：静岡ガス（株）によるタイ国ガス火力発電事業への参画に対し、日本政策投資銀行は特定投資を実施

事例２：セイコーインスツル（株）のアナログ半導体事業の分社化に際し、分社した子会社に対し、日本政策投資銀行が特定投資を実施

事例３：大森機械工業によるインド企業への追加出資に際し、日本政策投資銀行が特定投資で資金支援を実施

ＬＢＯファイナンス（狭義の買収ファイナンス）

日本においては、２０００年代初頭から、日本経済の復調や産業構造の転換等の動きに伴い、Ｍ＆Ａ取引が飛躍的に拡大する過程で、ＬＢＯファイナンスは、案件数、規模及び参加者において急速な拡大を遂げてきた。特に、近年、プライベート・エクイティ・ファンド等の金融投資家による大型の買収案件が実行され、ファイナンス条件やストラクチャーも一定の標準化が進んできたと言える。

ＬＢＯとは

「ＬＢＯ」とは、レバレッジド・バイアウト（Leveraged buy-out）の略語であり、買収者が、少ない自己資金と、外部の金融機関等からのローンを組み合わせる事により、高い投資効率を達成させる手法である。

まず、レバレッジの効果を確認しておく事とする。単純化するために、下記を前提とする。

投資時株式価値１００％＝１００億円とし、一年後に株式価値が２００億円になると想定。

買収金額の１００億円全額を自己資金で調達する場合をケース１、買収金額のうち30億円

図表６－２　レバレッジ効果

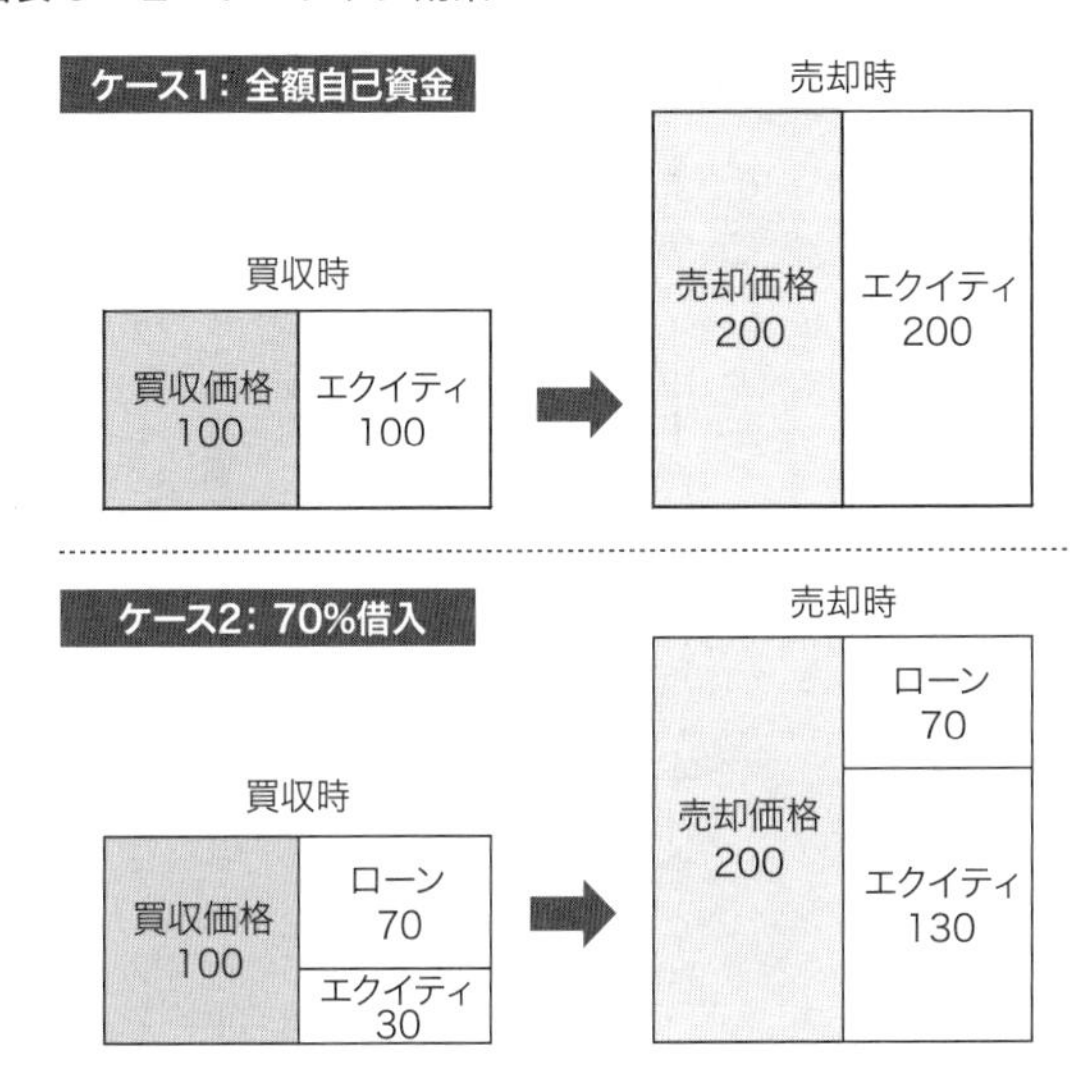

を自己資金、残り70億円をＬＢＯファイナンスで調達する場合をケース２とする。

ケース１の投資利回りは、

投資利回り＝回収額÷投資額＝２００÷１００＝２００％

となる。

一方、ケース２の投資利回りは、借入は借入額を上限として返済を行えばよいため、投資価値の増加部分は全て株式の増加につながる。つまり、

投資利回り＝回収額÷投資額＝（２００－70）÷30＝４３３％

となる。

従って、全てを自己資金で投資した場合は、元手が２倍になっていたのに

比較し、借入がある場合は元手が4・3倍になる。この効果を、少額の自己資金で多額のリターンを挙げることを「てこ」の原理になぞらえて、「レバレッジ効果」とよぶ。（図表6‐2）

この手法は、プライベート・エクイティ・ファンド等の金融投資家による買収案件において一般的に活用される手法である。一方で、近年では、事業会社による活用もみられるようになってきた。一般的には、事業会社の信用に基づき調達するコーポレートローンの方が条件が良く、あえて利率が高く、コベナンツ等の制約条項のつくＬＢＯファイナンスを活用するメリットが多くないと思われるが、大型の買収案件においては、自己資金負担額の軽減や、リスク分散という観点から、事業会社によるＬＢＯファイナンスが活用されている。近年では、サントリーホールディングス株式会社による米国ビーム社買収案件や、ノーリツ鋼機株式会社によるテイボー株式会社買収案件などが、事業会社によるＬＢＯファイナンスの活用事例として挙げられる。

ＬＢＯファイナンスの基本的ストラクチャー（図表6‐3）

①シニアローン

シニアローンは、資金調達の構造上で最も期間が短く、返済が最優先され、かつ、多く

図表６－３　ＬＢＯファイナンスの基本的ストラクチャー

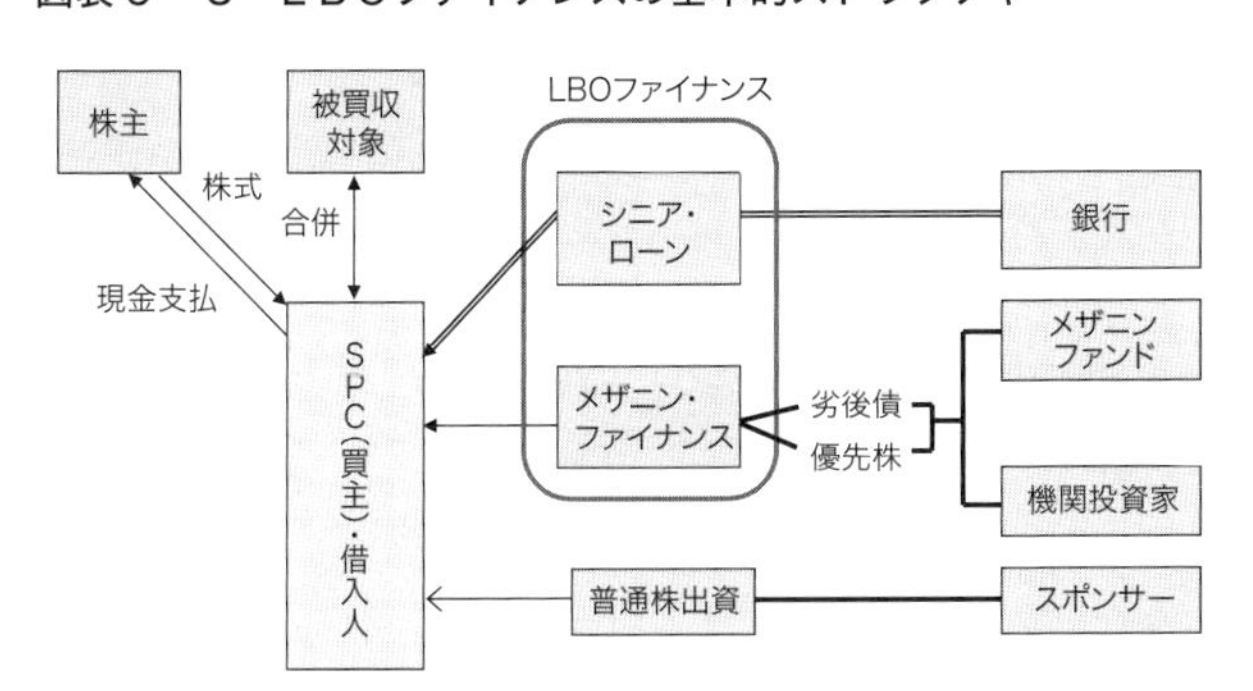

資金調達		資金使途	
普通株出資	30億	株式取得代金	60億
シニアローン	60億	既存ローン返済	35億
メザニンローン	10億	取引関連費用	5億
合計	100億	合計	100億

の場合は有担保のファイナンスである。また、保証やコベナンツなどが融資条件に入れられることで、相対的に最もリスクの低いＬＢＯファイナンスの商品となっている。

通常、シニアローンは、買収資金の調達額のなかでも最も多く、50％を超える場合が多い。また、買収資金に充てられるタームローンと、買収後の運転資金に使われるリボルビング・クレジットとの組み合わせとなるケースが多い。

②メザニンローン

メザニンローンは、シニアローンと普通株式の中間の商品を言うが、大きく分けて劣後ローン、劣後社債などの負債性の商品と、優先株式などの種類株といった資本性の商品に分けられる。通常のバイアウト案件において、シニアローンと、買い手の出資する普通株式で買収資金の総額が調達できる場合には、シニアローンよりもコストが高いメザニンローンは必ずしも含まれる訳ではない。

メザニンローンの特徴として、最終期限はシニアローンよりも長く、返済は期限一括で、全てのシニアローンが返済されるまで元本返済がない場合が多い。一方、シニアローンよりもリスクが高いため、金利は高く固定とすることが多い。また、優先株式での出資とする場合には、金利的なものとして優先配当が支払われることも多い。

LBOファイナンスの特徴

通常のコーポレートローンと比較した場合の、LBOファイナンスの特徴は下記となる。

①ノン・リコース

LBOファイナンスの一番の特徴とも言え、買収対象会社のキャッシュフローに依拠したノンリコース・ファイナンスである。

②高い負債比率

買収対象企業の負債比率は、高くなることが多い。「レバレッジ効果」で説明したように、投資家は自己資金の負担額を極力減らすことで、自らのリターンの最大化を目指すことができる。一方で、貸し手は、負債比率が高くなればなるほど、資本の部が小さくなり、業績変動のリスク許容度が低くなるため、様々な条件を付すこととなる。

③コベナンツ（誓約義務）

貸し手としては、借り手に一定のコベナンツ条項（誓約義務）を課すことにより、様々なリスク軽減を図る。一般的なＬＢＯファイナンスのコベナンツ条項としては、財務パフォーマンスに関する制限条項、一定の企業活動を制限・禁止する条項、積極的に義務を課す条項などに大別される。

④担保

借入人の全資産担保に加え、借入人（つまりＳＰＣ）の株式を原則担保取得するのが一般的である。

⑤契約書

ＬＢＯファイナンスでは、複雑な買収ストラクチャーや、金融機関にとって負債比率が高く、長期間のローンとなるなどリスクが高いため、融資契約書も複雑で個別性の強いものになる。従って、契約書の細部を詰めていくドキュメンテーションの作業は非常に重要になる。

第七章

事業承継とM&A

中堅中小規模企業の現状と事業承継の重要性の高まり

我が国における中小企業の社数は全国で約170万社であり、大企業を含めた社数の99％以上を占めていることが見て取れる（図表７‐１）。必ずしも中小企業の全てがオーナー企業[*1]とは言えないが、その割合は相当なものと考えられるし、日本の企業活動の一翼を担っていることは間違いないと思われる。

また、経営者の高齢化の状況について自営業主の動向で見ると、2012年現在で、70歳以上の事業主が75万人と年々上昇傾向にあることがわかる（図表７‐２）。今後もその傾向は一般的な高齢化の流れに伴って高まっていくものと想像され、自営業主のみならず、中小企業においても同様の傾向にあろう。

同時に、中小企業の経営者は、事業を何らかの形で引き継ぎたい、継続したいと考えている割合が過半を超えることが見て取れ、特に小規模事業者よりも中規模企業の経営者の方がその割合は高い（図表７‐３）。

事業を引き継ぐ方法として、親族への承継を筆頭にいくつかの選択肢があるが、親族への承継が内部昇格と合わせ低下傾向にあるものの引き続き主流となっており、外部招聘や買収による承継は増加傾向ではあるが、未だ主流とはなっていないことが分かる（図表７‐４）。

図表７－１　中小企業の数

(出所)中小企業白書

	中小企業				大企業		合計	
			うち小規模企業					
産業	企業数	構成比(%)	企業数	構成比(%)	企業数	構成比(%)	企業数	構成比(%)
鉱業，採石業，砂利採取業	1,475	99.9	1,289	87.3	2	0.1	1,477	100
建設業	303,458	99.9	284,716	93.7	291	0.1	303,749	100
製造業	273,525	99.3	218,107	79.1	2,044	0.7	275,569	100
電気・ガス・熱供給・水道業	657	96.1	410	59.9	27	3.9	684	100
情報通信業	42,006	98.8	27,265	64.1	508	1.2	42,514	100
運輸業，郵便業	54,060	99.5	35,054	64.6	245	0.5	54,305	100
卸売業，小売業	431,790	99.1	291,787	67	3,792	0.9	435,582	100
卸売業	177,307	99.2	117,116	65.5	1,508	0.8	178,815	100
小売業	254,483	99.1	174,671	68	2,284	0.9	256,767	100
金融業，保険業	23,088	98.9	22,091	94.6	253	1.1	23,341	100
不動産業，物品賃貸業	169,360	99.8	162,664	95.9	276	0.2	169,636	100
学術研究，専門・技術サービス業	83,356	99.4	64,630	77	530	0.6	83,886	100
宿泊業，飲食サービス業	98,097	99.3	56,391	57.1	682	0.7	98,779	100
生活関連サービス業，娯楽業	63,597	99.2	42,545	66.4	507	0.8	64,104	100
教育，学習支援業	15,446	99.2	8,834	56.8	119	0.8	15,565	100
医療，福祉	28,077	99.5	10,830	38.4	145	0.5	28,222	100
複合サービス事業	111	99.1	102	91.1	1	0.9	112	100
サービス業(他に分類されないもの)	89,846	99.0	51,178	56.4	897	1.0	90,743	100
非１次産業計	1,677,949	99.4	1,277,893	75.7	10,319	0.6	1,688,268	100

図表７－２　年齢階級別自営業主の推移

（出所）中小企業白書

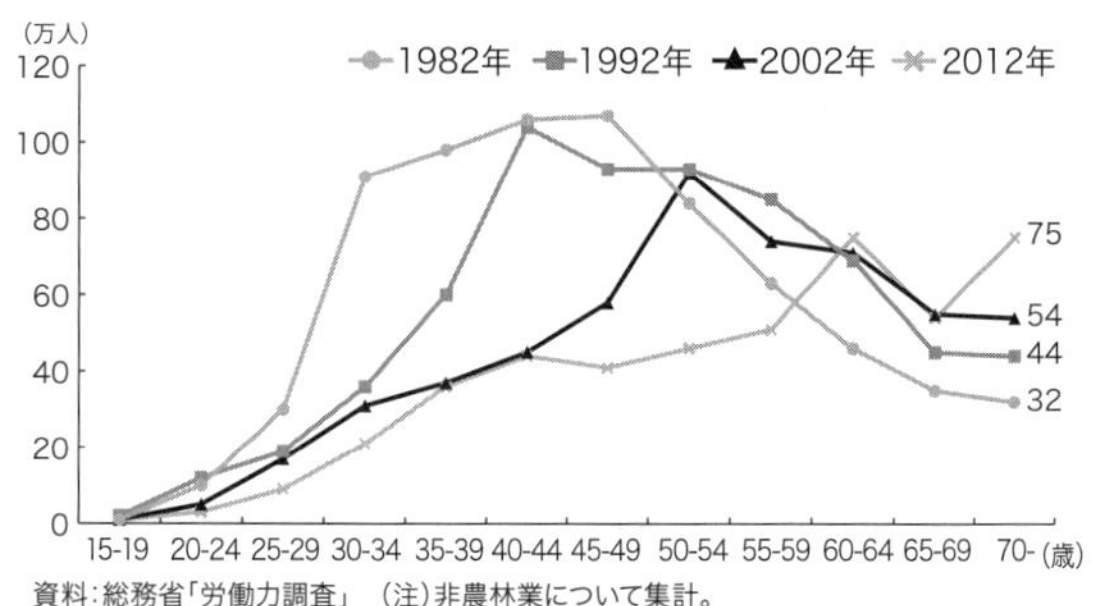

資料：総務省「労働力調査」　（注）非農林業について集計。

図表７－３　現経営者の事業継続の意思

（出所）中小企業白書

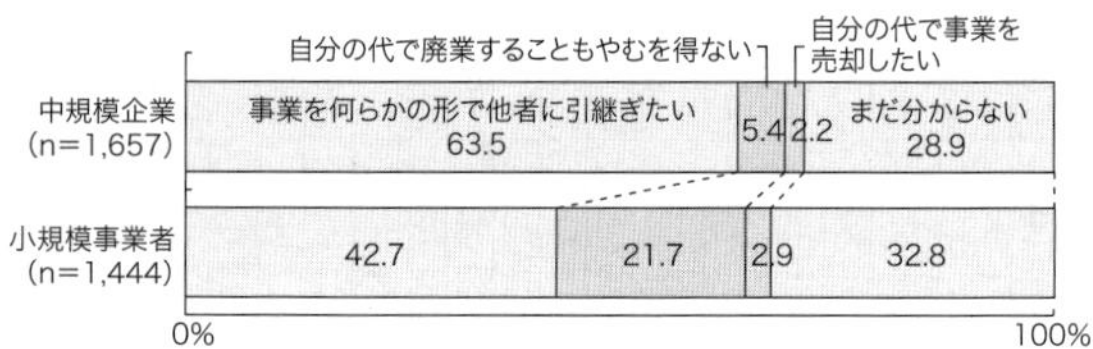

資料：中小企業庁委託「中小企業者・小規模企業者の経営実態及び事業承継に関するアンケート調査」（2013年12月、（株）帝国データバンク）

図表７－４　形態別の事業承継の推移

（出所）中小企業白書

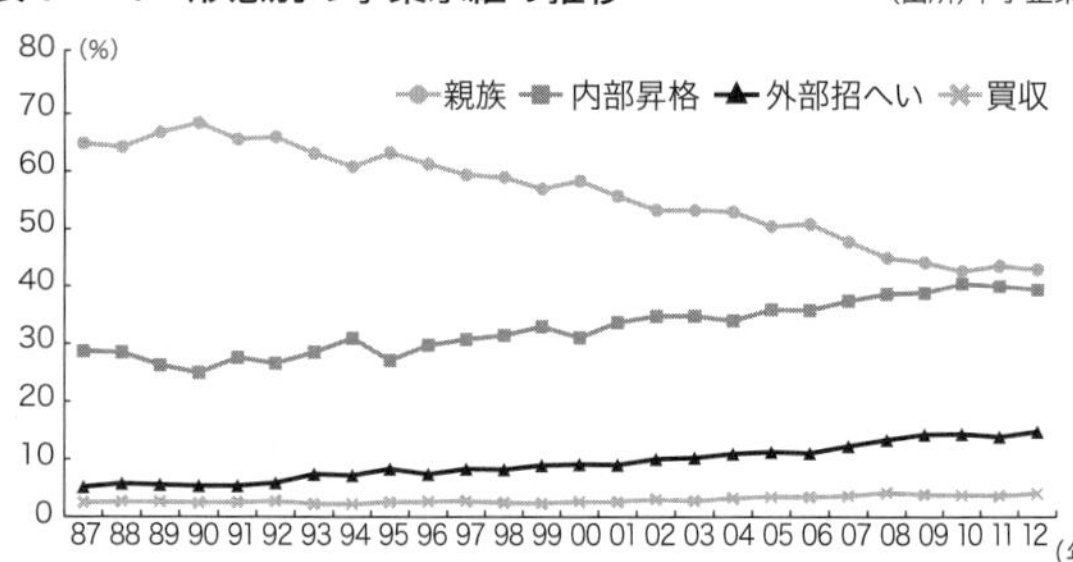

資料：（株）帝国データバンク「信用調査報告書データベース」、「企業概要データベース」再編加工。約160万社の企業情報において、代表者の変更年（就任年）及び就任経緯が判明している企業のデータにより作成。（2012年で約15,000社）

以上の通り、中小企業の経営者の高齢化は進んでおり、同時に彼ら経営者は何らかの形で事業を継続したいと望んでいる。しかし、一方で親族による承継は減少傾向にあり、中小企業の事業を継続させるためには新たな担い手が必要となっている。そして、高い技術やノウハウを有する中小企業の円滑な事業の存続は我が国経済の成長のためには不可欠と思われ、何らかの形で事業が円滑に承継される方策を模索していくことが重要となる。

本章では、以上の状況を踏まえて、特にオーナー企業の円滑な事業承継において、M＆Aが効果的に機能するための論点を整理してみたい。

事業承継の定義と承継先別の分類

オーナー企業の場合、多くは株主と経営、つまり所有と経営が一体化している場合が多い。オーナー家では株式の大部分を所有し、社長をはじめ役員にも就任し、経営のリーダーシップを執る。ここで考慮すべきは、事業承継においては、「誰が運営するか」はもちろん重要であるが、「誰が所有するか（株主となるか）」も同時に念頭に置いて検討することが重要となる点である。

「運営を誰が担うか」だけを考えれば、多くの大企業がそうであるように運営を担う資質

図表７－５　引退を決断した経営者の事業継承にかかる選択肢

（出所）中小企業白書を一部修正

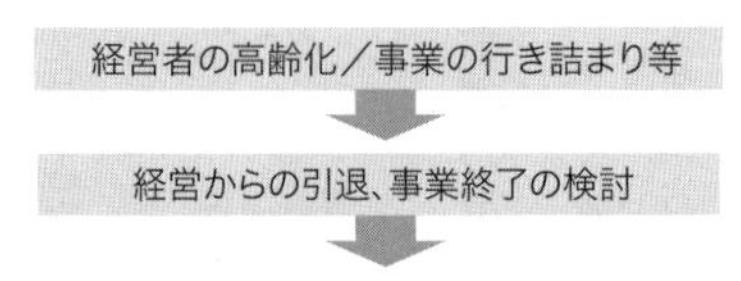

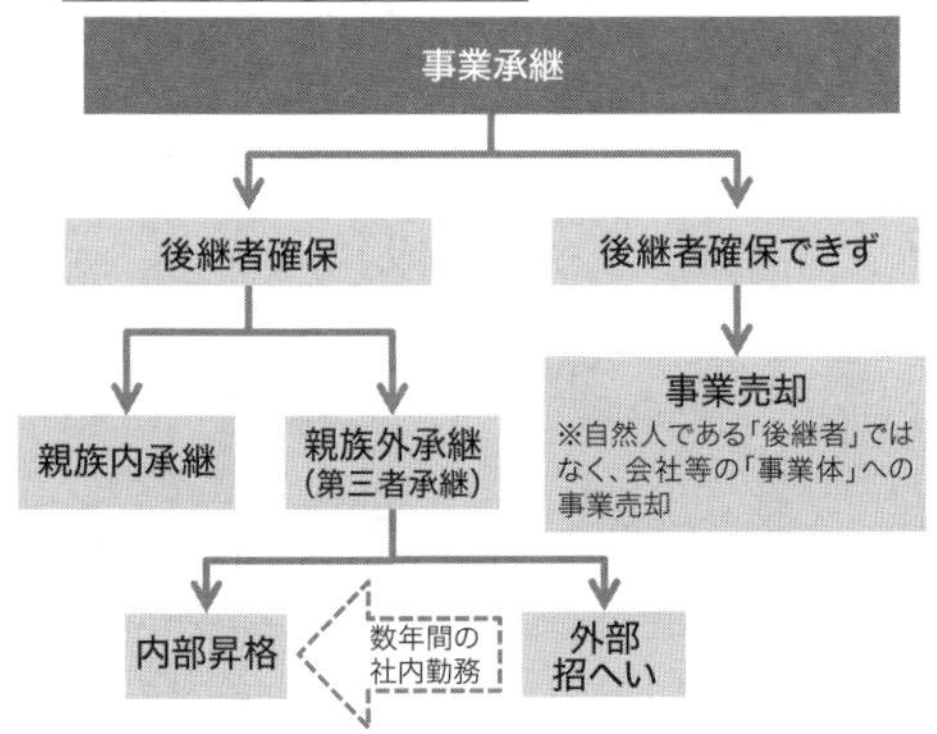

を有した人材が運営を引き継げば良く、選択肢として、①子息などの親族に引き継がせる、②現状の役職員に引き継がせる、③第三者（例えば同業の運営経験がある人材）を招聘して引き継がせる、などの手法が考えられる。

先にも述べたとおり、オーナー企業の場合は、誰に運営を引き継ぐかに加え、誰が会社を（株式を）所有するかも念頭に検討する必要があり、その観点も踏まえて、①子息などの親族への承継、②現状の役職員への承継、③第三者への承継、の三通りに大別して下記の通りその特徴と課題について整理する（図表７－５）。

子息など親族への承継

子息に承継する場合は、予め社長候補として雇い入れ、事業の経営ノウハウを十分に習得させ、取引先との関係性の構築も進めていくなど時間を掛けて能力を養成していくことになろう。同時に、「所有」の側面では、相続税の問題など、相続面での課題もクリアしていく必要がある。ただし、そもそも親族の中に対象会社の事業を継ぎたいという意思のある人材がいるか否かという根本的な問題もあり、その企業を取り巻く個別の事情・状況により限界がある。

役職員への承継

役職員に承継する手法としてはＭＢＯの手法が考えられる。ＭＢＯとは、役職員が出資する形で資金を集め、対象会社の株式を買い取る仕組みであり、これも企業買収の一類型であるから、広義のＭ＆Ａといえる。こちらについては、今後株式の所有も含め経営を継続する意思のある役職員が存在するか（＝経営の資質・意欲があるか）、株主になるための十分な財源が確保できているか、という課題をクリアすることが重要である。役職員はこれまで経営に携わっていたとはいえ、自身の財産を投入して、株主の一人として所有に参加することは、従前の被雇用者の立場とは大きく異なるので、相当の決意が必要となる。また、対象企業の株式の価格と役職員が拠出可能な資金との金額規模の比較によるが、程度に応じて外部スポンサーを招聘する、借入金で不足分を調達するといったことが必要になる場合があり、この場合は、議決権ベースで主導権を第三者に握られてしまう、あるいは借入元のコントロールに応じる必要がある、という意味で、第三者への承継と類似する形態になる場合もある。

第三者への承継

対象会社を第三者に譲渡する場合、全く別の個人に譲渡する場合と企業に譲渡する場合との二通りがあるものと考えられる。個人に譲渡する場合は単なるオーナーチェンジの側面が強く、新たなオーナーの下で運営していくことになろうが、新オーナー個人の資力の問題から限界がある。

他企業に対象会社の株式を保有してもらう、あるいは合併することにより、他企業のグループに参加する、あるいは他企業に統合されることで、事業承継を図ることが想定される。[*2]同業の候補先であれば、現状の事業の地域的、製品ラインナップ的拡充の側面から対象会社をグループに取り込みたいと思うだろうし、異業種であっても、多角化の一環でグループに取り込みたいとのニーズが寄せられるかもしれない。

図表７－６　第三者承継時の課題

(出所)中小企業白書

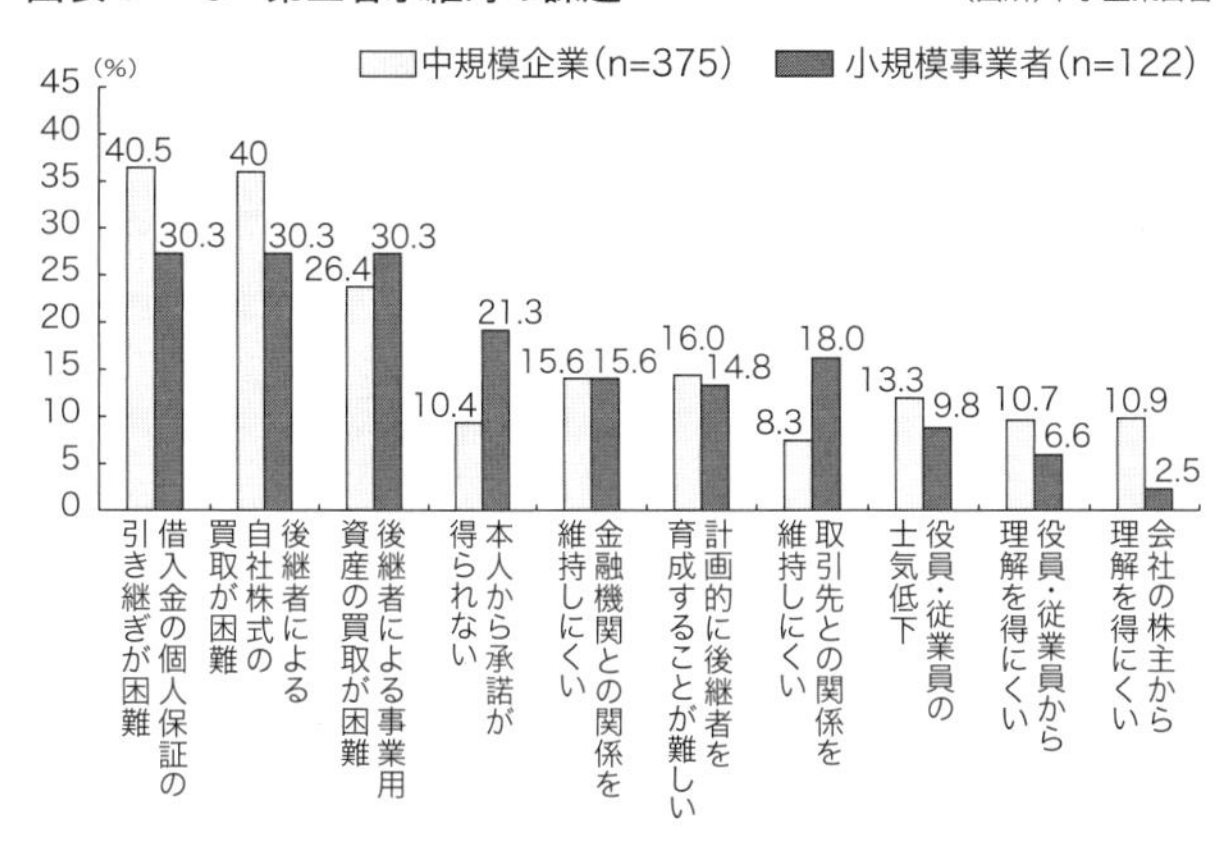

事業承継を促進する手法としてのM＆A

なぜ事業承継にM&Aが有効か

事業承継において、中小企業の第三者承継時の課題に関するアンケートによると、個人保証の引き継ぎが困難、後継者による自社株式の買い取りが困難、後継者による事業用資産の買い取りが困難、といった点が事業承継がうまくいかない理由として、高い割合で挙げられている（図表7－6）。

前項で述べたとおり、このことは親族や社内における後継者の場合にも当てはまるものと思われる。すなわち、社長に就任し、運営を司ることは本人の力量次第で可能となるが、株式の譲り受けに伴う借入金の保証や株式代金の支払いなどについては、一定の財源が必要となるか

図表７－７　M＆Aによる事業承継における主なメリット・デメリット

	子息など親族	役職員によるMBO	他企業へ譲渡（M&A）
メリット	・承継にあたって内部／外部に対して与える不安が相対的に小さい	・承継にあたって内部／外部に対して与える不安が相対的に小さい ・（継続して経営を担う役員がいる限り）運営ノウハウを既に取得済み	・対応可能な経済規模が相対的に大きい ・（同業の場合）運営ノウハウを既に取得済み
デメリット	・対応可能な経済規模に限界がある ・運営ノウハウを養成するのに相対的に時間がかかる ・そもそも承継することを希望するか（資質があるか）	・対応可能な経済規模に限界がある ・株主として承継する覚悟のある役職員が確保できるか（存在するか）	・承継にあたって内部／外部に対して与える不安が相対的に大きい ・（異業種の場合）運営ノウハウを養成するのに相対的に時間がかかる

らである。また、誰に事業承継するにしても、対象会社の資産を引き継ぐことはもちろん、多くの場合、負債も承継しなければならないこと[*3]に留意が必要である。

対象会社の損益状況・財務状況が良好な場合は、株式の価値は高まることになるし、逆に損益状況・財務状況が悪い場合は株式の価値は低いかもしれないが、引き継ぐ負債が大きな規模となる場合もあり、いずれにしても新たな譲り受け先にとっての経済的な負担は、負債も含めて考慮する必要がある。

当然ながら、事業を承継する側としては投資に見合うだけの経済面その他のメリットがあるかどうかを判断して譲り受けを決定することになるが、親族、役職員に引き継ぐ場合は個人で対応し得る経済規模に限界がある場合が多い。このような状況の中で、M＆Aを通じて他の企業に事業承継をする場合、相対的に個人で負担できる規模より資金力は高く、企業の事業価値を適正に反映したオーナー変更ができる可能性が高くなる（図表7‐7）。

M＆Aによる事業承継における論点

一連のM＆Aの流れは前章までに記載したとおりであり、大企業を譲渡する場合と大きくは変わらない。ただし、オーナー企業の事業承継に固有のいくつかの論点が存在する。

譲渡の検討段階

譲渡を検討する段階にあって、円滑な事業承継を導入するには主に以下の点に留意する必要がある。

①オーナー自身が引退しても運営可能な状況になっているか（権限委譲）

事業の承継を検討する場合、オーナー兼社長は、自身が経営から退いても、企業の運営が円滑になされるように、予め現役職員に権限委譲していくことが必要となる。

主要な取引先との受注活動、交渉、などにおいて主たる部分を社長自身が担っており、仮に自身が退くと対象会社の事業活動の存続に大きく影響を与えるといった状況が社長の存在が大きければ大きい程考えられる。

このままの状態でオーナー自身が一線から退くことになると、対象企業の今後の業績の不透明さが高まる結果、企業の魅力を大きく減じてしまう可能性が高い。オーナーが退いても代替的に対応が可能な同業の候補先を探索することもあり得ようが、異業種の企業が多角化の一環で事業承継に関心を示す場合もあり得る。以上の観点から企業の持つ魅力を損なわず円滑に事業を承継するためには、役員や部門長を含め、十分な権限委譲と役割分担を行い、社長自身が経営の一線から退いても企業活動に致命的な影響が出ないよう予め体制を整えておく必要がある。

このことは譲渡先にとっても大きな関心事となる。譲渡先も当然に経営活動を行っているから、一定の活動は代替可能なものと思われるが、社長が「余人を持って代えがたい」状況になっていればいるほど、「譲り受けた後、どうやって経営するか」という命題に突き当たり、円滑な事業承継の障壁になる恐れがある。

②既存株主の所在は明らかで対話が可能か、分散していないか、株券は紛失していないか

事業の承継を検討する場合、大部分を占める各株主が譲渡に応じることが大前提となる。そのためには、既存株主との継続的な対話が重要となるが、そもそも株主の過去の相続等によって、株式が極度に分散していたり、既存株主の所在が不明で連絡がつかないといった事例も存在する。*4 また、株券発行会社においては、それぞれの株主が保有しているはずの株券が紛失しているといった場合は、再発行手続きなど一定の期間を要する措置が必要となるため、円滑な譲渡に支障を来す。

以上の状況を踏まえると、事業の承継を検討するにあたっては、各株主と対話が出来る状況を確保しておくことが必要であり、基本的な事柄ではあるが、株主名簿のアップデートと株主との定期的なコミュニケーションが継続できていることが必要となる。

③取引先など外部環境への影響の見積もり

対象会社を取り巻く販売先、仕入れ先、金融機関などの取引先は対象会社の実力を評価して取引を行うが、オーナー企業の場合、対象会社の信用の源泉としてオーナー自身の手腕・信用も決して無視できない部分であることが多い。このため、事業承継によってオーナーが退く場合の影響を予め見積もっておく、あるいは影響がありそうな場合、影響を最小限に抑

えられる候補先に絞るといった対応も必要になろう。

また、各種の取引にあたって、主要株主の変更が行われる場合、取引先への事前了解／届け出が必要（チェンジオブコントロール）と契約上定められている場合も少なからずあるので、その点も事前に把握しておくことが円滑な事業の承継には望ましい。

④現状の事業、損益状況・財務状況から見て、譲渡候補先にとって魅力があるか

事業の承継を検討する場合、現在の事業の状況が譲渡候補先にとってより魅力的であることが重要である。赤字が連続しており、借入も課題といった場合、対象会社への事業承継の関心が相対的に低くなることは言うまでもない。現時点の損益状況や財政状況はこれまで継続してきた事業の結果であるので、劇的な変化を遂げるのは困難な部分もあるが、部門の閉鎖・統合によって状況が改善される場合もあろう。一方、改善の見通しが立たず、廃業の選択を迫られることもあろうし、このような観点から譲渡するタイミングが自ずと決まってくるといった場合もあり得る。

また、譲渡を検討する段階においては、オーナー家との間で、貸借関係や資産の所有関係が曖昧である場合なども同様に論点となり得る。多くのオーナー企業においてはオーナー家との貸借関係や、さらには自宅兼事務所や自動車など会社に帰属する資産なのかオーナー個

人に属する資産なのか曖昧な資産などが存在すると思われるが、第三者に譲渡することを想定した場合、売買や契約の解消などにより整理が可能な状況にしておく必要がある。

⑤デューディリジェンスに耐え得る書類・規定類・制度面での対応が出来ているか

他社からみると、何らかの理由で違法状態あるいは適法性に疑義がある状態にある企業を譲り受けることは困難である。違法状態とは言わないまでも、何らかの手続きの遅延や不足がある場合には、どれ程対象会社の事業に魅力があっても譲り受けには至らないと考えた方が良い。第三者に譲渡する場合に限らず、対象会社の状況を適切に把握するにあたっては、弁護士・会計士・税理士などの専門家によるデューディリジェンス（買収監査）を行う事が一般的であり、適法性や手続き遅延がないかといった検証に耐え得る体制が必要となる。

上場会社と異なり、中小企業の体制整備には人材その他の側面から限界があるとはいえ、最低限違法状態や手続きの遅延、官公庁からの是正勧告などについては保全しておくことが望ましい。

具体的には、事業に必要な認可の（更新）期限切れ、各種社内規定の整備、勤怠管理、取締役会の定期的開催及び議事録の作成などが一般的に話題になる。せっかく関心のある候補先が見つかり、いざデューディリジェンスをしてみると、手続きの不備などから譲渡を断念せざるを得ない、あるいは延期せざるを得ないという事態もあり得る。譲渡候補先である先方も対象会社である当方も相当のコストと労力をかけている状況となることから、費用面、労力面での効率性を高める意味でも、一度自社なりの「デューディリジェンス」を行うことにより、「会社運営に関連する手続きの棚卸し」を行ってみることも一案である。

⑥譲渡対価の目線の設定

事業の承継を検討する場合、譲渡対価の目線を設定することも重要である。理論的な価格の算出方法として前章までに紹介した手法があり、現状及び将来の損益状況・財務状況の見通しから一定の幅が算出される。この譲渡対価の算定自体はオーナー企業か上場企業かで異なる訳ではないが、オーナー企業の場合、譲渡の対価はオーナー個人（及びオーナー一族）に支払われるものである場合がほとんどであること、その対価は、事業から退いた後の生活の糧となる側面からも、納得できる水準かどうか目線感を醸成することが肝要と思われる。もっとも相手がある話なので、十分にオーナーの目線に達しない場合もあろうが、いずれにしても判断の材料として整理しておくことは、納得感のある事業承継を果たすには無駄ではない。

⑦譲渡対価と税務上の留意点

譲渡対価の検討に付随して、税務上の論点も併せて検討する必要がある。専門的な分析・検討は税理士をはじめとした専門家に確認していくことが必要となるが、第三者への譲渡を想定した場合、⑴譲渡対価が適当な水準か、⑵譲渡対価は退職金で受領するか株式の譲渡対価として受領するか、⑶自己株式として買い取りする場合のみなし配当課税、といった論点が初期的な留意点となる。

⑴については、基本的に純然たる第三者との取引については合理的価格として税務上も認められるようだが、過度に高い価格、あるいは低い価格で譲渡した場合、受贈益課税、寄付金課税の対象になり得るという議論があり、価格の妥当性を意識する必要がある。

⑵については、オーナー社長は事業承継のタイミングで経営から退くことが想定され、手元に対価が入金されるという意味では、（他の株主が納得する限り）退職金として受領しても、株式の対価として受領しても経済的な効果は等しいようにも思われる。他方、買い手にとっては、譲り受け段階で用意しなければいけない資金の規模が退職金の分だけ少なくて済む（退職金は対象会社から支払われるため）メリットもあるので、譲渡対価の一部が退職金として支払われることがある。

この場合、退職金に対する課税と株式譲渡による譲渡益に対する課税では税率が異なること、退職金には課税所得の控除制度が存在することから、税金控除後の対価が異なる場合が多い点に留意が必要である。一般的に譲渡益課税の税率が低い一方で、退職金の課税所得の控除制度には社長の勤続年数が考慮されており、オーナーの社長在任期間が長ければ長いほど控除金額が大きくなることに起因する。

(3)については、オーナー家が有する株式を会社が自己株式として買い取る場合、他の少数株主に対する株式の買い取り機会の提供が必要であることに加え、価格の妥当性について議論となることと、取得対価が株式配当と同等に見なされる結果、配当金課税としての手取り額の減少があり得ることに留意が必要である。

以上を踏まえ、譲渡対価の目線を醸成する際には、税務上の論点を加味し、どのような対価の受領の仕方が望ましいか、税理士などの専門家を交え検討する必要がある。

⑧親族、役職員への譲渡との比較も踏まえた譲渡の意思の決定、どんな会社に運営してもらいたいか（方針の確定）

前述の通り、事業譲渡を検討するにあたってオーナー企業において固有の、あるいは特に留意すべきポイントを述べたが、いずれにしても譲渡を最終的に決定すること自体が最も大きなポイントと考えられる。というのは、ひとたび第三者への譲渡を模索し始めると、程度の差はあれ他社との情報のやりとりをすることになるので、後戻りすることは非常に困難になるからである。検討にあたっては、実際に個々の譲渡候補先を分析し、より関心を持ってもらえそうな企業を具体的にイメージしてみることも一案だろう。このことにより、対象会社のセールスポイントが明確となるし、逆にウィークポイントも浮き出てくるので売却の課題となる論点も予め対応しやすくなる。

以上のようなプロセスを経て、親族、役職員への譲渡との比較から、やはり他社への譲渡が望ましいこと、具体的な候補企業像はどのような先なのか、（相手の関心の度合いにももちろんよるのだが）予め「腹固め」をしておく必要がある。

譲渡の実行段階

オーナー企業において譲渡を決意し、譲渡を実行する段階では、特に下記の留意点が挙げられる。

①情報の管理

いかなる企業であっても事業の承継に係る情報管理は重要であるが、特にオーナー企業の場合、企業経営の安定性はオーナー個人への関係者の信頼関係に依存しているところが相対的に大きいものと考えられる。このような前提に立つと、オーナーが変更する可能性が外部に漏洩した場合、取引先からの信用不安や役職員の不安を惹起することから結果的に譲渡の可能性が低下するといったリスクに直結しやすい。このことから、情報の管理は社内においてもメンバーを限定的に行うといった工夫が必要となる。

②候補先の選定

候補先の選定においては二つの論点があるものと考えられる。一つは、対象会社に関心を持ってもらえそうな候補先をいかに探索するかである。M&Aのマッチング業務を行うフィナンシャルアドバイザー（FA）にゆだねることもあり得ようが、一義的には会社自身を最もよく知る自社にて個別企業まで絞り込むまでには至らなくとも、企業像を絞り込んでおくことがその後の納得感という意味で重要と思われる。

もう一つは、情報管理を意識した対応が必要となる点である。同業を希望する場合など、オーナーのネットワークで探索することもあり得ようが、従業員や関係者への逆流を防ぐべく情報の管理の観点から、匿名性を確保しながらの対応が必要である場合が多く、FAなど第三者を通じた探索や早い段階での守秘義務契約の締結により、不測の情報漏洩を回避する対応も一案と言えよう。

③役職員への安心感・その後の処遇の確保

特にオーナー企業の場合、役職員のオーナー個人に対するカリスマ性や信頼感、求心力は一般的な企業と比べ相対的に高いものと想定される。オーナーが引退することで新たな親会社が自分たちに対してどのような処遇（給与面、役職などを含む）をするのか役職員の不安は極めて大きくなってしまう。長年オーナーを慕って業務に当たってきたのにもかかわらず、オーナーが退くことをもって「責任放棄」と思われてしまうケースもある。この不安に起因してキーパーソンが退職するといった可能性も否定できず、結果的に対象企業の価値を著しく毀損してしまう可能性も孕んでいる。

こういったことを避けるためには役職員に対する情報開示のタイミングについて大きく二つの方向性があると思われる。一つは、譲渡候補先との交渉がまとまるまで秘匿しておくやり方、もう一つは譲渡候補先の交渉可能性について予め一定程度開示しておくやり方が考えられる。本社事務所などにおいては、デューディリジェンス（買収監査）などの具体的なアクションに入った場合、異変を感じる役職員も少なからずいるので、情報が漏洩しない範囲であるいは不安を惹起しない範囲でどの程度開示していくかを個別の事情に応じて予め決めておく必要があろう。

④十分な情報開示体制の確保

検討段階でも述べた通り、譲渡候補先が譲り受けの検討に先立ってデューディリジェンス（買収監査）を行う事が一般的である。譲渡候補先は専門家を起用して、法律面、会計面、税務面といった観点から客観的かつ専門的見地から適法性や手続きの漏れがないかを確認する。

対象会社からは、「ここまで細かく開示する必要があるのか」といった声も聞かれるが、ここでの情報開示が譲渡後の理解不足等に起因する損害賠償等を回避することにつながるため、十分な対応が必要となる。

他方、現実問題として特にオーナー企業においては各種規定の管理、経理処理などを担当する職員が限られるため、現場での対応が混乱することがあり得る。このため、予め資料を準備するなど十分な開示体制を整えておくことに留意が必要である。

以上の通り、事業承継においてM&Aの担う役割と、具体的にどのように進めたら良いか、実務上どういった点が障害となるかという留意点をまとめた。親族や役職員への株式譲渡などさまざまな事業承継のあり方を考えた場合、それぞれに制約や限界があるので、M&Aが万能とまでは言えないが、これが有効なツールになり得ることがもっと知られて、より良く活用されることを期待したい。

[1]ここでは大企業の子会社などではなく、個人が株式を所有し、社長などの役職について経営も行う会社を想定している。
[2]事業承継手法には事業譲渡等もあり得るが、本稿では株式譲渡・合併を主に議論する。
[3]厳密には株主は有限責任であり、負債の返済義務を一義的に負うことはないが、オーナー企業の場合、個人保証や親会社保証を求められる場合があることと、株主として運営する場合、株主の責任で資金調達を行うこともあること、合併する場合は自社の負債が増えること等をもって負債の承継としている。
[4]一部譲渡や株式交換など全株主の同意をとらない方法もあり得るが、理想型としては全株主と対話できる状況が望ましいことは言うまでもない。

第八章

プライベート・エクイティ・ファンドとM&A

金融投資家であるプライベート・エクイティ・ファンド

プライベート・エクイティ・ファンドとは

２０００年代以降、Ｍ＆Ａによる企業の売り手や買い手として、その名前が知られるようになり、昨今では、大型の入札案件にも多く参加している、プライベート・エクイティ・ファンド（以下「ＰＥファンド」）とは、機関投資家、金融機関等の投資家から調達した資金を原資に、主として未上場株式等を対象に投資を行う金融投資家である。ファンドの運営は、運営責任者であるファンド・マネージャーに全面的に一任されており、運用成果に応じてファンド・マネージャーは一定の成功報酬を受領する。出資者である投資家はファンドの運営には関与しない。

ＰＥファンドには、投資先企業の株式の過半数を取得するバイアウト投資を対象とするバイアウト・ファンド、企業の成長資金ニーズを捉まえてエクイティ投資をするグロース・キャピタル・ファンドやベンチャー・キャピタル・ファンド、企業のメザニン資金ニーズを捉まえて投資をするメザニン・ファンド、企業再生ファンド、セカンダリー・ファンド等様々な投資戦略のファンドがある（図表８‐１）。

図表8－1　主なPEファンドのタイプ、戦略等の一覧

<table>
<tr><th>ファンドのタイプ</th><th>投資戦略</th><th>投資対象</th><th>利益の性質</th><th>投資後の関与</th></tr>
<tr><td>バイアウト・ファンド</td><td>主として議決権の過半数以上の取得を通じた企業買収を投資対象に、レバレッジの活用や業績改善により、株式価値の向上を図る</td><td>主として既発行株式</td><td rowspan="4">キャピタル・ゲインが中心</td><td rowspan="4">既存の経営陣、外部からの招聘人材等を活用しながら、ハンズオンで経営に積極的に関与（経営への関与度合いはファンドにより異なるが、企業再生ファンドとバイアウト・ファンドが比較的深く関与することが多い）</td></tr>
<tr><td>グロース・キャピタル・ファンド</td><td>ある程度の事業基盤が確立された企業の成長資金ニーズを捉まえて投資をし、企業の業績伸張により株式価値の向上を図る</td><td rowspan="2">主として新規発行株式（事実上のエクイティリスクを含む新規発行の種類株式等も含む）</td></tr>
<tr><td>ベンチャー・キャピタル・ファンド</td><td>新市場の創造を目指す急成長企業の成長資金ニーズを捉まえて投資をし、企業の業績伸張により株式価値の向上を図る</td></tr>
<tr><td rowspan="2">企業再生ファンド</td><td>ターンアラウンドが必要な企業や事業を中心に投資を行い、リストラによる業績改善や資産処分により価値向上・資金回収を図る</td><td>主として株式、債権</td></tr>
<tr><td>不良債権等を対象に額面価格以下で投資を行い、資産処分やリファイナンスにより投資額以上の回収を図る</td><td>主に債権</td><td>キャピタル・ゲイン、インカム・ゲイン</td><td>財務リストラを中心に関与</td></tr>
<tr><td>メザニン・ファンド</td><td>企業のメザニン資金ニーズを捉まえて投資を行い、元本償還＋金利収入の回収を図る</td><td>主として新規発行の種類株式、劣後債権</td><td>インカム・ゲイン</td><td rowspan="2">主としてモニタリングが中心</td></tr>
<tr><td>セカンダリー・ファンド</td><td>既存株主が保有する株式持分や既存投資家が保有するファンド持分の転売ニーズを捉まえて投資をし、新たな株主・投資家に対して投資額以上の金額で売却すること等を通じて回収を図る</td><td>既存発行株式及びファンド持分</td><td>キャピタル・ゲイン、インカム・ゲイン</td></tr>
</table>

また、同じ戦略であっても対象企業規模（大企業と中小企業）や投資対象地域（日本のみ、アジア全域、世界等）の違いもあり、それらを全て鑑みれば、その種類・分類は定義付けが難解なほど、多様なファンドが存在している。

このように、戦略・投資対象企業規模・地域等はバラエティーに富むものの、いずれのファンドであっても、ファンドであるが故にそのライフサイクルは極めて類似しており、基本的にはファンドの存続期間（概ね7～10年、そのうち当初3～5年が投資可能期間）に次の活動を行っている。

①ファンドの投資可能期間内に、複数の企業等に対して投資を行い、投資活動を終了する

②ファンドが投資した企業等（以下「投資先企業等」）に対し、投資から回収までの間（ファンドが投資先企業等を保有する期間は一般的には3～5年）に、借入金の返済、業績改善、モニタリングやガバナンスの強化を行い、投資資金の価値向上を図る

③ファンドの存続期間内に、投資先企業の株式等を全件換金化し、価値向上が図られた投資資金の回収を行う

④投資家に対して回収資金（投資資金＋価値向上部分）を現金として分配する

⑤運用成果に満足した既存の投資家や新たな投資家等から、新たに投資資金を調達し、次のファンドを組成、投資活動を行う（次のファンドの活動として、①～⑤を繰り返す）

　このように、金融投資家であるファンド・マネージャーは、投資家から調達した資金に、投資家からの期待利回りに相当する価値向上をバリューアップ等を通じて行い、ファンドの存続期間内に投資家に対して分配することを目的としており、株主として投資先企業等に関与できる期間が有限であり、言い換えれば、ファンドの存続期間内での投資先企業等の換金化が強く求められた存在であると言える。また、前述の通り、運用成果に応じて成功報酬を受領するため、投資にあたっては割安かつ買い手に有利な条件での投資、売却にあたっては高値かつ売り手に有利な条件での売却を強く志向するのが一般的である。

PEファンドの投資活動とM&A

　金融投資家であるPEファンドの投資活動はM&Aとは切っても切り離せない関係にある。図表8－2が、PEファンドがどのような投資機会に投資をしているのかを、日本におけるその具体的サンプルと合わせて、投資戦略毎にまとめたものである。

　これらのうち、PEファンドから見た「投資」と「売却」のいずれかにおいて、「株式譲渡」を伴うものがM&Aと関連する取引と言え、その意味では図表8－1の「投資対象」において、株式を投資対象としたPEファンドが買い手候補や売り手としてM&Aと関係すること

図表8－2　ファンドの取引タイプと事例

ファンドのタイプ	取引タイプ	具体的なイメージ	事例
バイアウト・ファンド	株式非公開化	上場企業の非上場化。非上場化の目的は、上場のままでは取り組みづらい、中長期的経営課題への取組等様々	ＵＳＪ、東山フィルム、チムニー、マクロミル等
	部門切り出し	企業による「事業の選択と集中」等を背景とした部門、子会社等の切り出し	大塚アグリテクノ、日立ビアメカニクス、デクセリアルズ、パナソニックヘルスケア等
	事業承継	現株主・現経営陣等から次世代経営陣等への事業承継	ヘルシーサービス、アントステラ、クリーンサアフェイス技術等
	資本再構築	株主構成の最適化・株主集約化等を目的とした資本構成の変更	アスプルンド、ムーンスター等
	資本増強	第三者割当増資等による企業の資本増強	ＴＹＯ、アパマン、メガネスーパー等
	再成長	外部リソース活用による再成長（海外展開、追加買収）の実現	トライウォール、おやつカンパニー
	セカンダリー・バイアウト	複数回目の企業買収（ファンドによる投資先企業等の売却や過去に事業会社に買収された企業等の再売却）	すかいらーく、ミニット・アジア・パシフィック、あきんどスシロー
ベンチャー・キャピタル・ファンド、グロース・キャピタル・ファンド	成長資金	主に創業～急成長段階にある企業等に対する成長を支援する資金の提供等	ライフネット生命、グリー、オイシックス、アイスタイル等
企業再生ファンド	企業・事業再生	多角化等を背景とした債務増加により経営状況が悪化した企業・事業の再生	テザック、本間ゴルフ、ラオックス、中三
メザニン・ファンド（メザニン資金を提供する金融機関を含む）	メザニン資金を通じた株式非公開化	優先株式による資金調達を背景とした上場企業の非上場化	ワールド
	資本増強	優先株式・劣後債権等による企業の資本増強・負債削減	東日本ハウス、日本板硝子等
	バイアウト投資案件へのメザニン資金の提供	経営陣やバイアウト・ファンド等が行うバイアウト投資にあたってのメザニン資金の提供等	キューサイ、吉本興業等
セカンダリー・ファンド	株式又は出資持ち分の二次買取	既発行の非上場株式やファンド出資持分の二次買取	（メリット）売り手の資産流動化、非上場企業・ファンドの株主構成の再整理

図表８－３　事業会社の視点から見た、M＆A取引における PEファンドの立ち位置

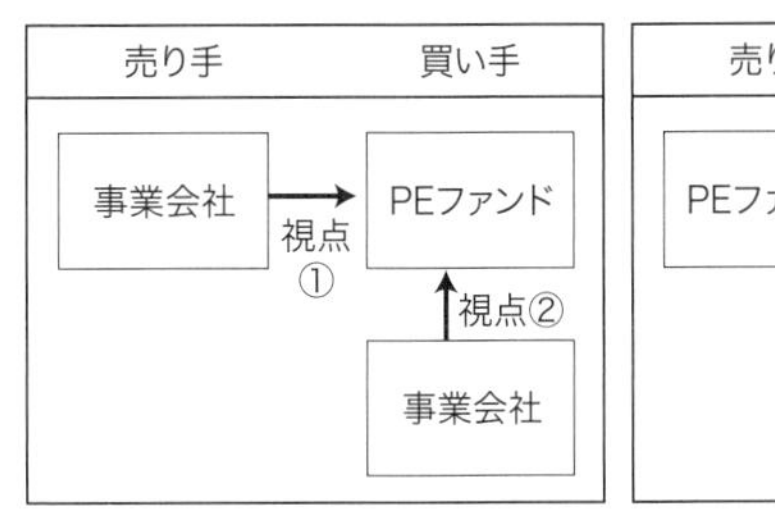

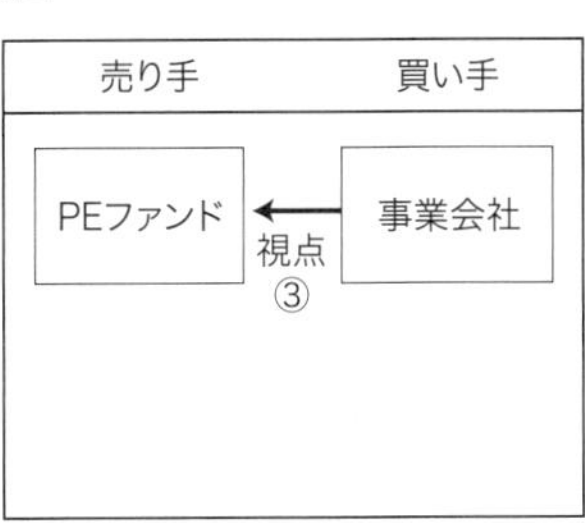

になる。以下では、M＆A取引において、①PEファンドが買い手候補として参画する場合と②PEファンドが売り手である場合について、事業会社の視点から簡単に整理をしたい。

①PEファンドが買い手候補として参画する場合

このケースにおいては、売り手の立場である事業会社（図表8‐3の視点①）と、PEファンドと同じ買い手候補の一つである事業会社（図表8‐3の視点②）の2つの観点からPEファンドと関係することになる。

（A）売り手である事業会社から、買い手候補のPEファンドを見た視点（視点①）

事業会社は事業の売却には非常に慎重な姿勢を取るのが通例である。それは単に売却するかの判断に慎重なだけでなく、売却を決断した後でも、売却プロセスの進め方、売却価格の妥当性、売却先の選定については、株主をはじめ

とする各種ステークホルダーへの説明責任を果たす必要があるからである。そのため、とりわけ上場企業において顕著であるが、価格の妥当性やプロセスの透明性を確保するために、複数のPEファンドに対して売却打診が行われることが多い。

また、自社の人材リソースが不足しながらも、海外展開や新規市場への展開を通じた「再成長」が経営上の最重要課題となっている場合、PEファンドが保有する人材・情報・ネットワークの活用を目的として、PEファンドが買い手候補として選ばれる場合もある。

加えて、企業売買、とりわけ帰属する企業が売却されることに対する、当該企業の役職員の心理的抵抗が欧米に比べて相対的に高い日本においては、当該企業の役職員の納得感や帰属意識（○○グループに所属しているとの意識）等に一定の配慮が求められることもある。こうした場合に「企業グループ」の色がつかないPEファンドが中立的な立場の新しい株主として受け入れられるケースもある（もちろん、ファンドだからと嫌悪される場合もあり得る）。

（B）買い手候補の事業会社から、同じ買い手候補のPEファンドを見た視点（視点②）

売り手である事業会社が、子会社・事業部門の売却に向けて入札プロセスを行う場合、、金融投資家であるPEファンドにも買い手候補として声掛けされることが多いが、買い手候補としての事業会社の立場では、PEファンドが競合として存在するか否かで判断を何ら変える必要はない。買収目的や買収後のシナジーは競合する買い手候補の存在の有無で変わるものではないからである。

②PEファンドが売り手である場合

買い手候補である事業会社から、売り手であるPEファンドを見る場合（図表8－3の視点③）、最初に理解すべきは何であろうか。事業会社が買収した企業・事業は、買収側の事業会社の業績、買収後のシナジー効果、経済情勢や経営戦略の変更等により再売却される事例もあるものの、その数は必ずしも多くない。それに対して、PEファンドが買収した投資先企業等は、その投資資金を投資家に分配するため、いずれ何らかの形で換金化される。上場により投資先企業等を換金化することもあるため必ずとまでは言えないが、将来、相応の確率においてファンドはM＆Aを通じた売却により投資先企業等の換金化を図る。これが最初に理解されるべき事実である。

しかしながら、かなりの確率で将来のM＆A取引が起こるとはいえ、事業会社はファンドの投資先企業等をどのように見るべきなのか。この点を理解するために、PEファンドが投資先企業等の株主となっている間、投資先企業等にどのようなバリューアップを行っているかを具体的に述べることとしたい。

ＰＥファンドが投資先企業等に行うバリューアップ

ＰＥファンドの基本

ＰＥファンドとは、投資家から投資資金を調達、企業等に投資を行い、投資資金の価値向上を図った後にそれを換金化、最終的に投資資金の見返りとして投資家に対して資金分配を行う金融投資家である。ここで言う投資資金の価値向上こそが、ファンド・マネージャーが投資家に還元するリターンに相当するが、それは主に次の４つの要素により構成される。

①よい企業・事業を極力安く買収すること
②買収時に借入金（レバレッジ）を活用し、エクイティの投資効率を高めること
③買収後にガバナンス等を効かせ、既存の経営陣や外部から招聘した経営陣を活用しながら、投資先企業等の業績改善や収益性の向上を図ること
④ＥＸＩＴ戦略の下、適切なタイミングで高い企業価値で換金化（Ｍ＆Ａを通じた売却や上場）すること

リーマンショックまでのいわゆるクレジット・バブル期は、多くのＰＥファンドが②のレバレッジによるエクイティ投資効率の改善に依拠していた。しかしながら、リーマンショックによる金融機能不全により、その後しばらくの間レバレッジ効果が活用しづらくなったこと、また、リーマンショック後の景気低迷・減速を背景とした投資先企業等の業績悪化への対応が必要になったことを契機に、昨今では、ＰＥファンドは③の投資先企業の業績改善や収益性の向上、すなわち、投資先企業へのバリューアップやガバナンス強化に注力するようになっている。

ＰＥファンドが行う投資先企業等へのハンズオンによるバリューアップ

金融投資家であるＰＥファンドは、投資先企業等の過半数の議決権やガバナンスの権利等を確保した上で、既存の有能な経営陣や外部よりリクルートした優秀な経営陣に適切なインセンティブを付与して業績改善や収益性の向上に注力させる。これに加えて、ファンド・マネージャー自身も「対象企業の経営をサポートする」という形で対象企業の経営に関与を行っていく。「ハンズオン」だからと言って、対象企業の経営を行う、対象企業に手取り足取り口を出すというのではなく、あくまで経営陣が運転する車の助手席に座る、経営に手を貸すといった形で関与することがその中心となる。そのため、「経営の見える化・可視化」を行い、可視化された経営課題や業績管理に必要かつ適したKey Performance Indicator（以下「ＫＰＩ」）を設定し、その進捗をモニタリングしつつ、新たな課題が発生する都度、ＫＰＩの見直し・新規設定、必要な人材の手配等を行い、ＰＤＣＡサイクルを通じた解決を図っていく。このように行われている経営への関与や支援の具体的なものは次のようなものである。

①経営戦略・方針の策定

②経営の管理体制の構築及び高度化（計数管理と業務進捗管理体制の構築・高度化や迅速化（親会社、子会社、グループ決算ベースでのきめ細やかな管理等）、各種評価委員会等の設置による可視化等）

③生産・物流・業務効率の改善（売り上げ・在庫の一元管理化、購買・調達の一元化、生産性・物流効率改善・システム化による業務効率化等の取り組みに向けた各種コンサルタントの紹介・選定に関する助言、社内体制見直しへの知恵出し等）

④海外展開支援（リサーチ会社や外部コンサルタント選定に関する助言から現地パートナーの紹介・選定等）

⑤顧客紹介（各種ネットワークを活用しての国内外の新規顧客の紹介）
⑥Ｍ＆Ａ支援（追加買収案件の紹介、Ｍ＆Ａ検討委員会や評価基準設置への助言等）
⑦コスト削減（財務リストラ、人員リストラ）
⑧資産売却（ノンコア事業・遊休資産等の売却）
⑨資金調達の支援（ＩＲ機能の改善を通じた資金調達条件の見直しへの助言等）

ＰＥファンドは、こうした取り組みを投資先企業等の経営管理の質と水準、投資先企業等がおかれた経営状況に応じて柔軟に行っている。仮に計数管理や部門別管理ができていない中小企業に投資をするのであれば、その管理体制を構築したり、親会社からの部門切り出し案件では、親会社の管理部門に依存していた人事・総務・資金調達等の管理機能と体制そのものを、切り出し後に新しく構築しスタンドアローン化を支援したりしている。また、企業再生ファンド等が主として投資対象とする、経営不振、あるいは破綻目前の企業等であれば、「ファンド」という外圧を活用しながら、買収後に各種リストラを実施し、健全な企業へのターンアラウンドを図っていくことになる。

なお、ＰＥファンドが行うこのような取り組みが投資先企業の業績に対しもくろみ通りに反映されるかは、経済情勢の変化等の影響もあり一概には言えない。しかしながら、ＰＥファンドが投資先企業等の売却活動を始める時点においては、投資前に比して経営管理の水準そのものが高度化され、ファンドが認識した、手を加えるべき大きな課題についても概ね解決がなされているのが通例である。

PEファンドのEXIT戦略とM&A

PEファンドのEXIT戦略

前節において、PEファンドが株主として投資先企業等に関与する期間、具体的にどのようなバリューアップを行うかを概述した。本節では、PEファンドがバリューアップを終えた投資先企業等を換金化するにあたり、どのような点を踏まえながら検討するかを考察し、整理したい。

①EXITのタイミング

ファンド・マネージャーは、究極的にはファンドの存続期間内に投資先企業等の全件を換金化すればよいが、個社別の保有期間は3~5年で想定し、投資時に策定するバリューアップ策もその期間で完了できるプランを立てているのが一般的である。不測の事態の発生等によりバリューアップ策の遅延、追加の業績改善策やテコ入れが必要になるといったことは日常的に起きるものの、ＥＸＩＴはまさにこのバリューアップ策が完了した時点が節目になり、その時点で市場の状況とファンド存続期限の満期までの残された期間を勘案してＥＸＩＴすべきかを決めることになる。

②ＥＸＩＴ方法

ファンド・マネージャーは投資時点において、ＥＸＩＴのベースシナリオの想定、それがM＆Aによる売却であれば買い手候補の想定を行うのが一般的である。その際、投資先企業等の特性（上場が適しているのか、上場可能な企業規模・業績見込みであるか、それともM＆Aによる事業会社への売却が適しているのか、独立企業体がよいのか、どこかの資本傘下に入った方がよいのか等）、投資時点における売り手や共同投資家等ステークホルダーの意向（㈱〇〇への売却は禁止等）、投資先企業等の経営陣の意向等が検討ポイントとなっている。

実際のＥＸＩＴ方法を決定する時には投資時のベースシナリオに加え、投資後の業績推移と足許の業績、検討時点の経営陣の意向や市場環境等を踏まえながら決定する。

なお、投資後に戦略投資家である事業会社から買収打診があり、ＰＥファンド、投資先企業等が満足するような価格・条件、そして売却先としてふさわしい事業会社と判断されれば、その時点で相対取引での売却となる事例も存在している。

③ＥＸＩＴプロセス

事業会社等への売却によるＥＸＩＴとなった場合、昨今は入札プロセスを経るものが増えている。ただし、幅広く声掛けする競争的入札というよりは、関心度合いが高い戦略投資家とＰＥファンド等数社に声掛けを絞った限定的入札も多い。

④売却価格、売却条件

運用成果に応じて成功報酬を受領するファンド・マネージャーにとって、売却価格は最重要視するファクターであり、それが可能な限り高値であることがファンド・マネージャーにとっては望ましい。加えて、売買前後の売り手と買い手の責任・義務・補償等を明文化する株式譲渡契約の条件にもこだわりが強い。

⑤最終的な買い手候補の選定

最終的な買い手候補の選定にあたっては、売却価格、株式譲渡契約の条件、投資先企業等にとって最適なスポンサーであるか、の3点を軸に決められることが多い。

しかしながら、金融投資家であるPEファンドの特性上、売却価格、株式譲渡契約の条件の2つに力点が置かれ、最終的な買い手候補が選定されがちであるのも事実である。そのため、入札プロセスにおいてこの2点が競合する買い手候補との比較において大きく劣る場合、入札結果を覆すのは非常に困難であると言わざるをえない。

しかしながら、総合的に評価してこれら2点が競合する他の買い手候補と遜色ない水準であれば、投資先企業等にとって最適な買い手が誰であるかの視点に力点が移り、その視点から買い手候補が選定された結果、価格が1番札でない事業会社が落札した事例も相応に存在する。

事業会社にとってのファンドの投資先企業等を買収するメリット

PEファンドが金融投資家であり、運用成果に応じて投資家より成功報酬を受領する仕組みとなっているため、その投資先企業等が不当に安く売却されることはまずありえない。その意味では、ファンドの投資先企業等の買収にあたっては、ファンドが考えるフェアバリュー以上の価格での買収となるのが一般的である。

しかしその一方、ファンドの投資先企業等であるが故に、次のような観点から事業会社にとっては非常に魅力的なＭ＆Ａとなりうる側面があるのもまた事実であろう。

①Ｍ＆Ａ取引を通じて売却される可能性が高く、また、バイアウト・ファンドの投資先企業等であれば議決権の過半数が握れる可能性も高い

②ＰＥファンドにより経営管理等に手が入れられており、買収後の管理、決算作成への対応が取りやすい

③ＰＥファンドに一度売却されていることから、投資先企業等の役職員の買収に対する心理的抵抗が低い場合がある（波長が合わない場合を除く）

Ｍ＆Ａ取引の対象の投資先企業等の買収において「のれんの発生」は一般的であるが、通常のＭ＆Ａ取引を通じた企業・事業買収においても発生するものであり、売り手がファンドであることが、シナジー効果を踏まえた「中長期的視点での買収のメリット」に与える影響は大きくない。その一方、売り手がファンドである場合、ファンドの関与により投資先企業等の経営管理等が高度化されていることが多く、買収後の管理面におけるリスクは比較的小さいというメリットがある。これらを考えると、「ファンドの保有する投資先企業等」とい

うことで食わず嫌いとなることは、良質なM＆A取引機会のユニバースを狭めることと同義であり、M＆Aを考えるにあたっては避けるべきであろう。

PEファンドと事業会社のM＆A、投資における考え方の相違点

最後に、PEファンドと事業会社のM＆A、投資における考え方の違い、即ち、金融投資と事業投資の違いについて述べる。

一番の大きな違いは、投資期間の考え方である。

長期的に必要ながらも中期的には必要でない設備投資、短期的には先行投資が嵩み長期的にその果実を刈り取るような新事業等への取り組みについて、株主がPEファンドである場合と事業会社である場合でその対応が異なることがある。この背景にあるのが投資期間の考え方の相違である。PEファンドの行う投資が一般的には3～5年間の保有期間、どんなに長くても10年の保有が上限となる投資である一方、事業会社の行う投資は、保有期間に特段制限のない中長期的な視点での投資である。この違いがそれぞれが株主である期間中に成果が具現化するかしないかの判断基準の相違、ひいては対応の違いにつながっている。

2つ目の違いが投資から得られる収益の考え方である。

金融投資家にとっての投資は、投資資金がいくらで回収されたか、現金ベースでの倍率と時間価値を折り込んだ利回りである内部収益率（ＩＲＲ）の観点で評価がされる。その一方、事業会社は現金ベースで投資資金が回収されたかの観点や投資に伴い調達した借入金が返済されたかの観点で評価することもあるが、買収企業・事業が自社決算においてどのように収益貢献をするかを長期的な視点で評価することが多い。また、昨今の上場企業においては、株主資本効率の改善（ＲＯＥの改善）の観点からＭ＆Ａを検討及び評価するものも増えてきている。このように、同じ事業会社であっても収益の考え方については様々な見方が存在していること、そして金融投資と事業投資の収益に関する考え方は根底から全く異なっているという事実はＭ＆Ａにおいて理解しておくべき点である。

ＰＥファンドは、その認知度が上がってきたとはいえ、中堅企業や地域の企業にとっては依然として馴染みが薄く、取っ付きにくい側面があるのは否めない。しかしながら、ＰＥファンドがＭ＆Ａ市場においても重要な役割・ポジションを担っているのは事実であり、また株主として自らが行うべきバリューアップを終えた投資先企業等については、事業会社から見ても絶好のＭ＆Ａ案件となりうる可能性がある。事業会社にとって、ＰＥファンドとＭ＆Ａの関係についての理解が進み、Ｍ＆Ａ市場の良質な拡大につながれば幸いである。

第九章

海外企業買収（クロスボーダーM&A）

成長戦略のために活発化するクロスボーダーM&A

過去最大のクロスボーダーM&A件数

レコフによると、2014年において、日本企業が当事者となるM&A件数は2285件、金額では約8・9兆円となった。そのうち、クロスボーダー案件は727件で過去最高を記録、金額は約7兆円で全体の約78%を占めている。今や、日本企業の関わるM&Aのうち、3件に1件はクロスボーダー案件というのが現状である。

クロスボーダー案件のうち、特にIN—OUT案件の増加が近年の特徴である。当該案件の件数は、557件で過去最高を更新し、全体に占める割合も約24%と、2010年以降は、これまでの15%台から増加し、20%超で推移している（図表9‐1）。

また、IN—OUT案件は金額でも約5・8兆円と全体の約65%を占め、2010年以降、およそ60%前後の割合となっている。日本企業が当事者となるM&A案件の金額上位10件においても、IN—OUT案件は2014年で8件、2013年で7件、2012年で8件となっており、IN—OUT案件の大型化傾向がみてとれる。

IN—OUT案件を業種別に分類してみると、北米、欧州、アジアいずれの地域でもここ

図表９－１　日本企業によるクロスボーダーＭ＆Ａ推移(件数、金額)

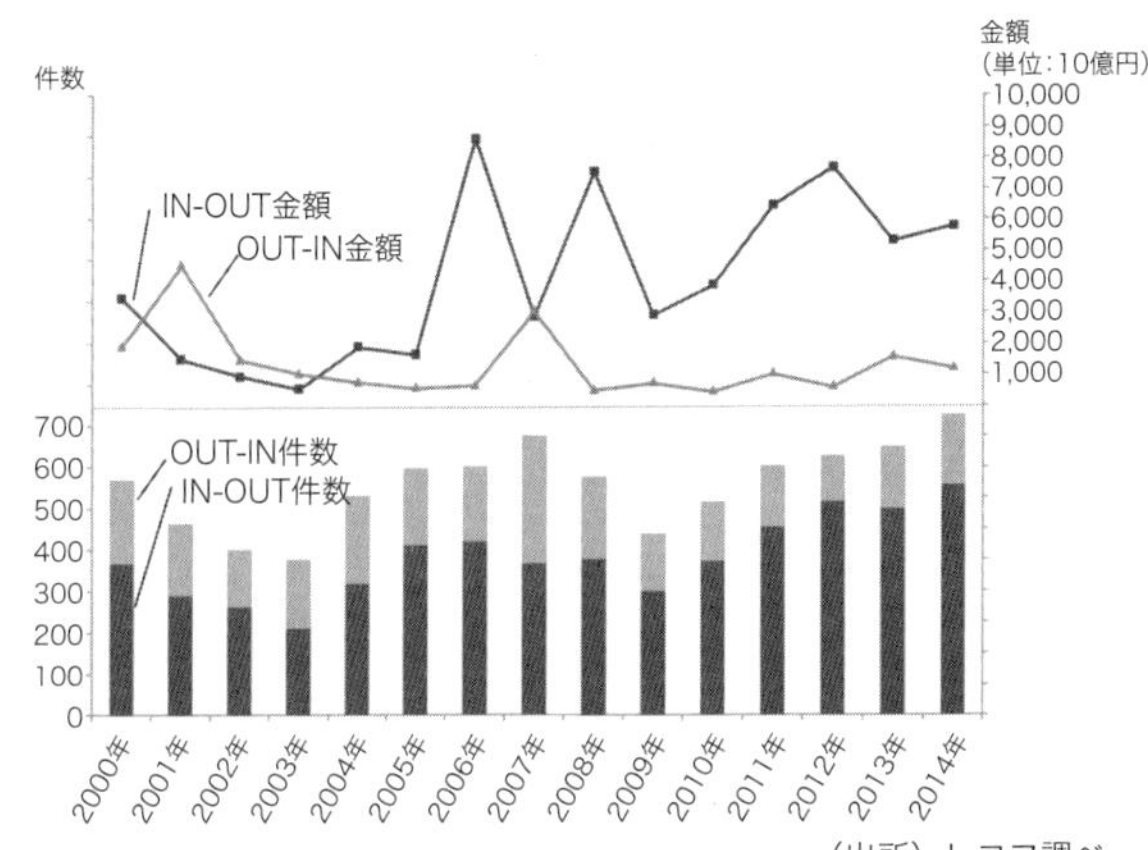

（出所）レコフ調べ

３年間では「ソフト・情報」と「サービス」の件数が上位を占め、各地域における件数の割合も２割前後から３割強へと増加基調にある。（図表９－２）

ＩＮ－ＯＵＴ案件を地域別にみると、２０１４年ではアジアの２３２件に続き、北米が１５９件、欧州が１１７件となっている。特にアジアについては、２０１０年以降、２０００年代の約33％の割合から約40％に増加している。一方、北米・欧州は、２０００年代の約60％から２０１０年以降は約50％へと低下基調にある。

アジアの国別では、２０１４年でシンガポールが43件で最多、続いて中国37件、インド27件、韓国23件となっている他、インドネシア、タイ、ベトナム、マレーシアも各国で14件から19件を数えるなど、東南アジア地域へのＭ＆Ａが活発

図表9－2
IN-OUT対象会社等上位5業種

	2012年		2013年		2014年	
	業種	件	業種	件	業種	件
1	ソフト・情報	78	ソフト・情報	72	ソフト・情報	119
2	機械	34	サービス	51	サービス	79
3	鉱業	32	電機	31	電機	38
4	電機	31	電力・ガス	31	化学	29
5	サービス	31	化学	28	その他販売・卸	28

地域別M＆A件数

	2012年		2013年		2014年	
	件数	構成比	件数	構成比	件数	構成比
北米	160	31.1%	133	26.7%	159	28.5%
欧州	112	21.7%	116	23.2%	117	21.0%
アジア	189	36.7%	202	40.5%	232	41.7%
その他	54	10.5%	48	9.6%	49	8.8%
合計	515	100.0%	499	100.0%	557	100.0%

地域別M＆A金額

	2012年		2013年		2014年	
	金額	構成比	金額	構成比	金額	構成比
北米	44,723	57.8%	15,915	29.3%	37,560	65.0%
欧州	18,509	23.9%	21,019	38.7%	7,824	13.5%
アジア	5,275	6.8%	11,745	21.6%	9,186	15.9%
その他	8,923	11.5%	5,591	10.3%	3,258	5.6%
合計	77,430	100.0%	54,270	100.0%	57,828	100.0%

（出所）レコフ調べ

化している状況にある。

他方、地域別のＩＮ－ＯＵＴ案件を金額でみた場合、２０１０年代でアジアは約13％にすぎず、北米が約46％、欧州が約29％を占めていることから、大型のＩＮ－ＯＵＴ案件は北米・欧州が中心となっているといえよう。

活発化するクロスボーダーM＆Aの背景等

第一章の冒頭でも述べたが、日本企業の関わるM＆Aは、リーマンショックを契機とする景気低迷等を受け、件数ベースでも低下していたものの、２０１１年を底に、増加傾向に転じており、その理由としては次のことが考えられる。
①企業利益の改善・向上
②株主から経営執行者に対する成長戦略への期待
③金融緩和に伴う低金利による資金調達の容易化
④戦略的なM＆Aに関する情報とノウハウの普及
そのうち、日本企業によるクロスボーダーM＆Aの取り組み・検討が増加する背景としては、次のような要因が挙げられる。

①国内市場の縮小傾向
②海外市場の拡大傾向、特にアジア新興国の経済成長
③グローバル競争の激化

なお、日本企業によるIN―OUT件数の増加要因として、円高（円ベースでの買収価格低下）が挙げられる場合もあるが、2014年10月頃からの円安基調の市場環境下においても、レコフによれば2015年1月から8月までのIN―OUT件数は前年同期並み（365件）、IN―OUT金額は前年の年間金額を既に上回る水準（約7・6兆円）となっており、円安によるIN―OUT案件への抑制的な影響は現時点では限定的といえる。

日本企業のM&Aによる海外展開における留意点

戦略／具体的着手／プロセス／PMI

戦略

日本企業によるクロスボーダーM&A戦略は企業により様々であるが、次のような狙いが

あるものと見られる。

①縮小する国内市場への対応
②拡大する海外市場の取り込み
③先進技術の獲得

またその多くは以下の類型に大別される。その他件数は多くはないが、グローバル大手企業同士の統合や、海外企業の買収による新規事業への進出といった事例もある。

①同業企業の買収による対象国・地域への進出
②周辺事業企業の買収による対象国・地域の既存事業の強化
③買収対象企業の優れた技術を獲得、国内を含めグローバルに展開

自社と同程度の規模のターゲット企業を買収しコントロール下に置くケースでは、企業文化の相違等から統合作業に手間取り、少なくとも短期的には期待したような統合効果が得られず、場合によっては撤退を余儀なくされるケースも散見される。

具体的着手

クロスボーダーＭ＆Ａの検討に着手するに当たり、具体的なアクションとしては、買収を希望する事業内容の具体化、投資上限額の設定（目安）、ターゲット企業の選定（ロングリ

スト作成）、ターゲット企業の概要調査、ターゲット企業の絞り込み（ショートリスト作成）、初期的打診等から開始することが多いだろう。

また外部のフィナンシャル・アドバイザー（ＦＡ）による案件持ち込みから検討がスタートすることもある。この場合、ＦＡの意見に盲目的に流されたり、後付けで無理に検討理由を作り出したりするのではなく、当然ではあるが自社で主体性を持って意思決定を行うべきである。

マンパワーや海外の情報網の観点で自社内のリソースが限られる場合も多く、活用方法次第でＦＡは大きな力となる。ただＦＡと言っても実際に案件を担当するメンバーによって当たり外れがあるため、選定にあたってはそのＦＡの企業としての看板だけではなく、クロスボーダーＭ＆Ａの実績を確認しながら、案件担当メンバーの力量を慎重に見極めなければならない。クロスボーダーＭ＆ＡにおいてＦＡに求められる要素としては以下のような点が挙げられる。

①海外企業との交渉力
②財務分析力
③海外における情報収集力（得意な業種、案件規模等にも留意）
④多数の関係者をまとめながら案件を進めて行く調整力

⑤各専門家の隙間を埋める柔軟性・機動力
⑥自社の戦略や社風、意思決定プロセス等に関する理解
⑦自社検討チームとの相性の良さ

なお、ターゲット企業が自社ニーズに完全に合致することは必ずしも多くない。例えば自社にとって不要な事業を抱えていたり、事業領域が自社と一部重複したりするのが通常である。その場合も許容範囲を定めた上で、買収後の整理（売却・撤退）を前提に容認する柔軟な姿勢も大切である。

プロセス

クロスボーダーM&Aの場合も、大まかなプロセスは国内M&Aとそれ程変わらない。守秘義務契約締結→初期的情報（インフォメーション・メモランダム等）の入手→意向表明書提示→基本合意書締結→デューディリジェンスの実施→最終契約締結→クロージング、と進むのが一般的である。ただし国内M&Aと比較すると、交渉ではロジックがより重視され、事実およびデータをベースに議論が進むことが多い。また案件によっては海外のターゲット企業が（国内のターゲット企業よりも）オープンな姿勢を示し、意向表明書提示前であっても面談や会社訪問が認められるケースもある。

クロスボーダーM&Aの交渉は、まずは電話会議等によるFA間の議論が中心となる。議論が進み最終契約交渉の段階になると、最終契約書ドラフトに基づく双方のリーガル・アドバイザー間の協議も重要となる。

FA間やリーガル・アドバイザー間で論点を整理しポイントを絞った上で、要所で買い手側が現地へ赴きプリンシパル（当事者）同士で集中的に議論、ギャップを埋めていくことになる。従って現地へ赴く買い手の検討チームは、出来るだけその場で判断、自社の意向を代弁できる者がリーダーを務めることが望ましい。現地訪問に際しては、交渉の糊代（のりしろ）を用意しておく他、想定される交渉シナリオ毎に事前に対応策を検討しておく。検討チームの裁量権を超えた内容については本社と協議することになるが、毎回「日本に持ち帰って検討」では議論も進まず、交渉が不利に働きかねない。例えば現地訪問中であっても、直ちに電話会議で本社に確認して迅速に回答する等の臨機応変な対応が求められる。

なお、クロスボーダーM&Aの最終契約書は英語など日本語以外の言語で作成されるのが通常で、国内のM&A案件と比較して細かな規定が含まれる傾向があるため、ページ数が膨大になりがちである（案件規模に関わらず通常百ページを超える）。論点も多くなるが、リーガル・アドバイザーに相談しながら優先順位を付け、譲れる点・譲れない点を明確にした上で交渉に臨むことが肝要である。買収価格以外に論点となりがちな点には、国内のM&A

案件と同様、損害賠償条項や表明保証条項などがあるが、国内のM&A案件よりも細かく規定されることが多い。またクロージング価格調整条項についても、標準運転資本の金額やそのベースとなる勘定科目の設定等、細かく議論されるケースが多い。

PMI（経営統合）

クロスボーダーM&Aにおいて日本企業を悩ませるのが、PMI（ポスト・マージャー・インテグレーション＝買収・合併後の経営統合）である。PMIには人事組織・生産・R&D・販売・ITシステム・財務といった切り口が存在するが、経営体制をはじめとするターゲット企業の買収後の経営について現地マネジメントに頼らざるを得ないケースが多いため、本社との方向性の共有やガバナンス（場合によってはコントロール）と現地マネジメントのインセンティブ付けをいかに両立させシナジー効果を発揮していくか、工夫することになる。

形式面から言えば、まず次のような点が議論されることが多い。

①現地マネジメントの報酬体系（ベース、短期・長期インセンティブ）
②ターゲット企業へ日本から派遣する人材のポジション・役割
③ターゲット企業へ日本から派遣する人材の選定
④本社との情報共有・協議体制（頻度・内容）

特に現地マネジメントと共にターゲット企業を経営していく日本からの派遣人材の選定には、頭を悩ませるケースも多いだろう。近年、派遣人材の国籍には拘らない日本企業も現れているが、まだ少数派である。

ＰＭＩの検討はＤＤ段階から開始し、クロージングまでに統合計画骨子を策定、クロージング直後（「ＤＡＹ1」と呼ぶ）から具体的な統合行動計画である「１００日プラン」の策定に着手するのが理想である。ただし売り手による情報管理やプロセス・マネジメント上の理由から、ＤＤ段階ではターゲット企業の経営陣や部門長へのアクセスは限定されがちであり、また独占禁止法上の理由で売り手からの詳細な情報開示が制限されるケースもある。クロージング前のコミュニケーション不足、ターゲット企業に関する理解不足により、クロージング後ただちに「１００日プラン」の策定に着手するのが難しいケースも多いだろう。

ＤＤ段階では、経営陣等へのインタビュー内容および開示情報の範囲内で立てた仮説を検証し、より踏み込んだＰＭＩの検討は最終契約締結後に行うことになる（なお、通常は最終契約の締結時点でターゲット企業の一般従業員にも買収の事実が開示され、情報のやり取りが進めやすくなる）。ただし最終契約で厳しい停止条件が付されている場合にはクロージングの蓋然性が必ずしも高くないため、売り手には踏み込んだＰＭＩの議論を先延ばしするインセンティブが働く。この場合、例えばクリーン・ルームを活用する、あるいは比較的機密性の低い事柄から着手する等、売り手との協議の中で工夫が必要となるだろう。

なお、ＰＭＩ検討項目のうち経営陣の報酬体系については、その合意が最終契約締結の条件となるケースもある。この場合、売り手との売買交渉と並行して経営陣との協議が行われる。後者はＦＡが関与しないことも多く、場合によっては人事コンサルティング会社等を通じて経営陣の意向をくみ取りつつ、売り手との売買交渉の時間軸に沿って合意点を探ることになる。（ＰＭＩについては、第三章の「ＰＭＩ」も参照されたい）

国別の留意点（欧米、東南アジア、インド）

一括りにされがちなクロスボーダーＭ＆Ａであるが、文化的・歴史的背景から、実際には交渉スタイルやプロセス面、また法規制面で地域・国毎の違いが大きく、事前知識と心構えが必要である。以下、それぞれの地域における一般的な留意点を述べたい。

米国・欧州主要国

・Ｍ＆Ａが経営戦略の重要な手段であることが広く認知され、経営者のＭ＆Ａに対する理解も深い。交渉ではロジックが重視され、事実および定量化された数値をベースに議論が進んでいく。提示条件次第で売却を積極的に検討することが多い米国・英国等と比べ、ドイツ・フランス・イタリア等のオーナー企業は家業としての思いからか、比較的買収打診に応じにくいことが多いように思われる。後者への打診に際しては提示条件もさることながら、買収の狙いや買収後どのように位置付けられるか明確な戦略性を示し、今後の成長につながることを説明することも有効であろう。

・対象企業が売却を希望する場合、ＦＡがプロセス管理を行う入札形式での売却が一般的である。バイアウトファンド等金融投資家のプレーヤー数も多い上、昨今は金融緩和を背景として買収資金の調達も比較的容易となっており、概して「売り手市場」と言える。そのため魅力的な事業の売却であれば、買い手候補への打診開始から数カ月程度で最終合意・クロージングに至るケースも珍しくなく、迅速な検討・意思判断が求められる。特に米国ではその傾向が顕著である。売却プロセスの開始を待つのではなく、事前に予備的打診を試みるべきである。実質的に相対交渉に持ち込める可能性もある。

東南アジア

・日本と異なる複雑な法規制に留意が必要である。外国企業による投資に関して言えば、具体的には一例として以下のような点が挙げられる。また変更も多く常にアップデートしておく必要がある。
①持ち分割合に関する制限（規制業種に該当する場合）
②株主構成に関する制限
③取締役会構成に関する制限
④不動産保有に関する制限
⑤国外親会社への配当・金利支払いに関する制限（税務面を含む）
一方、国・業種によっては、税務面や商取引面で投資奨励措置を享受できる場合もあるので、個別に確認すると良い。
・シンガポール等の一部の国を除き、非公開企業の定量情報（財務データ、株主構成等）に関するデータベースが充分に整備されておらず、事前に情報が取得しにくい。ただしインドも同様であるが、飛び込みでのアプローチ（代表電話番号や代表メールアドレスを通じたコンタクト）にもオープンな姿勢を示すケースが多く、その後、適宜情報を入手していくことになる。データベースが比較的整備され、また紹介者を通じたアプローチが有効な欧米企業とは対照的である。

インド

・東南アジアと同様、日本と異なる複雑な法規制に留意が必要である。

・交渉の場ではあれこれと躊躇無く色々な提案を行ってくるため、面食らうことも多い。また真面目な日本企業はその一つ一つについて検討を行い、その結果交渉に時間がかかりがちである。インド人との効果的なコミュニケーション方法に関しては他書に譲るが、それぞれの提案について余り時間をかけずにＹＥＳ／ＮＯを明確にし、毅然とした対応を取るのが良いと思われる。

・インド企業の売却入札案件において、金融投資家が競争相手となることは比較的少ない。インドでは銀行借入を活用して投資リターンを向上させるＬＢＯと呼ばれる手法が発達していないのもその一因である。概して競合相手はインド進出を狙う欧米企業となることが多い。

・売却対象となるインド企業を特定のＦＡがエクスクルーシブ（排他的）に代理するのではなく、複数のＦＡが特定の買い手候補との交渉においてのみ当該インド企業を代理することがある。したがって、例えば買い手候補が3社存在する場合、売り手ＦＡも3社存在し、いずれもプロセスの全体像を把握できていないということも起こり得る。この場合、逆に見ればそれぞれの売り手ＦＡが交渉相手となる買い手候補へ売却するインセンティブを持つため、彼らを上手く活用することが望ましい。

M＆Aを活用した対日投資の動向

現状

昨今は円安による追い風効果もあり、高度な技術の獲得や日本市場への参入を狙って日本企業の買収に高い関心を示す海外企業は少なくない。しかし、前述の通り活況を呈している日本企業による海外企業の買収（IN―OUTディール）と比較して、海外企業による日本企業の買収（OUT―INディール）は、まだまだ一般的とは言えない。

その理由としては、買収後の経営スタイルの違いに対する不安感、買収後のリストラや商取引への悪影響に対する過剰な警戒感、交渉プロセスにおける言語の違い等が考えられる。仮に日本の法規制や税制を緩和したとしても、OUT―INディールが大幅に増加することはないだろう。

従来のOUT―INディールは、次の2つのケースのいずれかに該当することが多い。

①経営状況が芳しくない日本企業が売却対象となっているが、投資ファンドを含む日本企

業の買い手候補からは魅力的な条件提示を望めないケース。海外企業を現実的な買い手候補として検討せざるを得ない状況である。この場合も、まずは欧米企業の買い手候補を検討、それが難しければ中国・インド等の新興国企業の買い手候補を探る、というステップをたどりがちである。

②海外企業が投資ファンドの傘下にある日本企業を買収するケース。投資ファンドは一般的には買い手候補の国籍よりも経済的リターンを重視し、海外企業への売却にも特段の抵抗感を示さない傾向がある（ただし投資家としてのレピュテーションには配慮している）。

しかしながら、近年はより積極的に大手海外企業の傘下に入ることにより、親会社の保有する海外ネットワークや資本力の活用を狙うケースも見られ、日本企業のマインドセットも変化しつつあるようである。

過去5年間のOUT－INディールを図表9‐3に示す。製造業・IT業界における案件が比較的多い。

図表9－3

OUT-IN買い手上位5業種

	2010年		2011年		2012年		2013年		2014年	
	業種	件	業種	件	業種	件	業種	件	業種	件
1	その他金融	32	その他金融	42	その他金融	33	その他金融	35	その他金融	69
2	電機	16	電機	18	電機	14	電機	19	電機	14
3	ソフト・情報	14	ソフト・情報	14	サービス	11	ソフト・情報	15	ソフト・情報	14
4	サービス	9	その他販売・卸	12	機械	8	サービス	15	サービス	9
5	化学	8	サービス	11	輸送用機器	6	化学	5	化学	8

OUT-IN対象会社等上位5業種

	2010年		2011年		2012年		2013年		2014年	
	業種	件	業種	件	業種	件	業種	件	業種	件
1	ソフト・情報	17	ソフト・情報	21	電機	19	ソフト・情報	27	ソフト・情報	34
2	電機	16	電機	19	サービス	13	電機	24	電機	21
3	サービス	12	その他販売・卸	11	輸送用機器	8	サービス	16	その他販売・卸	12
4	化学	8	サービス	11	その他販売・卸	8	化学	8	化学	11
5	輸送用機器	8	不動産・ホテル	8	不動産・ホテル	8	非鉄・金属製品	7	不動産・ホテル	10

OUT-IN地域別M&A件数

	2010年		2011年		2012年		2013年		2014年	
	件数	構成比	件数	構成比	件数	構成比	件数	構成比	件数	構成比
北米	35	24.6%	45	30.8%	37	33.0%	52	34.9%	56	32.9%
欧州	36	25.4%	29	19.9%	30	26.8%	21	14.1%	43	25.3%
アジア	68	47.9%	66	45.2%	43	38.4%	70	47.0%	68	40.0%
その他	3	2.1%	6	4.1%	2	1.8%	6	4.0%	3	1.8%
合計	142	100.0%	146	100.0%	112	100.0%	149	100.0%	170	100.0%

（出所）レコフ調べ

海外企業に事業売却する際の留意点

国籍、規模、オーナー系・非オーナー系などにも左右されるが、日本企業を買収しようと考える海外企業の特徴として、一般的に次のような点が挙げられる。

①会社または事業部門のトップがハンズオンで対応
②意思決定が迅速
③社内M&Aチームが存在することが多い
④日本の企業文化・特殊性を理解しようとする姿勢を持つ
⑤日本企業側の英語力が拙くとも辛抱強く対応する

これらの特性を踏まえた上で、海外企業に事業売却する際には次のような点に留意すると良い。

ロジックの構築

・海外企業は買収検討に際し、ロジックを重視する傾向が概して強い。売り手による曖昧な説明には納得せず、直近業績やプロジェクションを中心にその詳細について徹底的に掘り下げ、確認を求めてくることが多い。これに対して場当たり的な説明を行ってしまうと、回答が首尾一貫せず整合性が取れなくなってしまう。その結果、買い手の不信感を惹起することにつながりかねない。

・実際に売却プロセスを開始する前にFA等外部アドバイザーに相談、適切な社内関連部署に確認しながら、IMや想定Q＆A資料等を、可能な限り詳細までロジカルに作り込むことが重要である。特に業績悪化などネガティブな事柄については、裏付け資料を以て明確に状況を説明できるようにしておくことが望ましい（できれば一過性の出来事である等と回答）。

スピード感

・海外企業の意思判断は概して迅速である。交渉プロセスがスタートした後は、可能な限り迅速な情報開示、意思判断を行い、モメンタムを維持すべきである。

・ただし、幸か不幸か日本企業は意思決定に時間がかかることは世界的にも広く知られており、海外企業の側もある程度は予期していると思われる。

日本の企業文化・商慣習への理解

・海外企業にもよるが日本企業の買収を検討する程であるから、概して日本の企業文化や商慣習をそれなりに理解している、あるいは理解しようとするケースが大半である。海外企業だからという理由だけで、売却後のターゲット企業の経営について過剰な懸念を抱くのは、早計だろう。

・例えば買収後の従業員の継続雇用に理解を示したり、一見非合理に見える商取引上の中間業者の存在も少なくとも当面は容認したりすることも多い。

第十章

エネルギー分野におけるM&Aの新潮流

電力・ガス分野におけるM&Aの新潮流

規制自由化の波

電力・ガス業界は、エネルギー供給を通じて日本の活発化する経済活動・社会活動を支える社会インフラとしての重要な役割を担ってきたが、電力システム改革と呼ばれる制度改定の中で事業の在り方が大きく変貌しようとしている。

戦後復興期・高度経済成長期においては、資金・その他の経営資源が慢性的に不足する中でエネルギーの安定供給という社会的要請に応えるため、監督官庁による料金その他の牽制を前提に地域独占の経営体制を構築することで、燃料調達からエネルギー供給までの一体的運用と重複投資の回避による効率化を図り、インフラ構築に係る巨額の先行投資を長期的に回収するという事業形態が選好されてきた。

その後、経済の成熟化に伴い、徐々に規制緩和が進んできていたが、今般推進されている電力・ガスシステム改革により、電力・ガスの地域独占という在り方が見直され、大幅な自由化が進められることとなった。

本章では、こうした電力・ガス業界におけるシステム改革の背景と概要を簡単に振り返るとともに、システム改革から生じる各社の直面する課題と、それに対応したM＆Aへの取り組み事例について説明し、一足早く自由化に至った欧州地域でのケースを紹介する。

システム改革の背景

今般の電力・ガス業界におけるシステム改革は、低廉で安定的なエネルギー供給を実現することをその主眼としている。その背景には、東日本大震災を契機としたエネルギー需給構造の変化と、我が国が置かれたエネルギー自給率の低さが影響を与えている。わが国は、石炭、石油、ガスといった一次エネルギーをほぼ全量輸入に頼っており、震災直後の２０１２年には、原子力発電所の停止によりエネルギー自給率がそれまでの20％程度から６％まで落ち込んだ。こうした状況を受けて策定された第四次エネルギー基本計画（２０１４年４月）は、３Ｅ＋Ｓとして、安全性（Safety）を前提としたうえで、エネルギーの安定供給（Energy Securrity）を第一として、経済効率性の向上（Economic Efficiently）、環境への適合（Environment）を目指している。このため、社会的要請である安定供給の一方で、経済性や環境適合性をいかにバランスさせていくかが課題となっている。

この観点を取り込みながら、エネルギー分野の一体改革が推進されており、２０１５年６

月に成立した「電気事業法等の一部を改正する等の法律」においては、従来の業法ごとの制度整備から転換し、電気・ガスなどに区分された縦割りであったエネルギー市場を、最終需要家への提供を行う小売りレイヤー、送配電・導管などの託送レイヤー、発電・原料受け入れなど調達レイヤーに区分し、それぞれに規制を課す方式に転換することによって先進的な経営手法を取り込み、付加価値が高く効率的な産業構造へ変換することが志向されている。従来の縦割りではなく、エネルギー市場を一体的なものと捉え、エネルギー企業の相互参入や異業種からの新規参入を推進し、競争の促進と利便性を高めることを主眼とする。加えて、国内に留まらず、海外市場の開拓・獲得も目指すことにより、一層の効率化を促している（図表10－1）。

このシステム改革は、3段階に分けて実施される。2015年4月に実施された第一段階では、送配電制度の透明性を高めるため、その事前準備として電力需給の自由度の向上と安定的な供給を両立させる機関として広域的運営推進機関を設立し、透明性の高い電力需給の司令役としての機能を創設した。第二段階として2016年4月からは大口需要者だけでなく小口需要者の自由な選択を促すため、電力小売りが全面的に自由化されるとともに、その翌年からは都市ガス事業の小売り部門も全面自由化される。第三段階では、2020年に電力会社の送配電部門を中立化するため、同部門の法的分離が強制され、同様に都市ガス事業

図表10－1　電気事業法等の一部を改正する等の法律案について

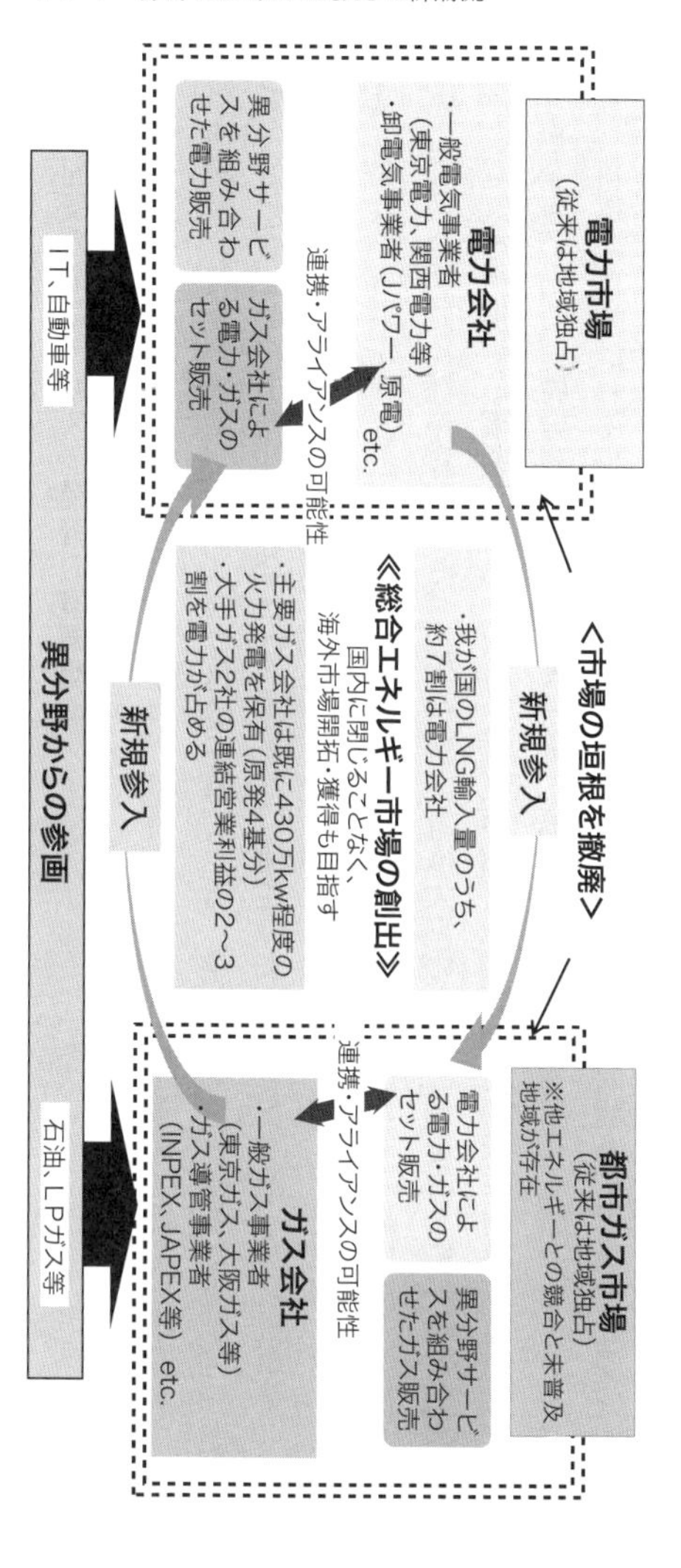

（出所）経済産業省 平成平成27年3月「電気事業法の一部を改正する等の法律案について（参考資料集）」P4

においても大手3社（東京ガス、大阪ガス、東邦ガス）の導管部門の法的分離が実施されることが決まっている。

自由化前夜の電気・ガス事業者の事業環境

電気事業者は、電気事業法において4つの事業者（一般電気事業者、卸電気事業者、特定電気事業者、特定規模電気事業者）に区分されている。業務範囲や供給量で規制区分が異なっていたわけだが、小売り参入全面自由化後は、前述のように発電事業、送配電事業、小売り電気事業という形でバリューチェーンの各段階で規制が整備される。現状、一般電気事業者は、発電から小売りの全プロセスを提供している事業者で、いわゆる地域電力会社がこれに該当し、全国に10社が存在する。卸電気事業者は大型の発電設備を有して一般電気事業者向けに電気を提供する事業者であり、特定電気事業者は特定の需要家に対して電気の提供を行う事業者である。特定規模電気事業者は大口需要家に対する電気供給者として区分されており、新電力と呼ばれる事業者から構成され2015年10月30日現在で事業開始予定も含めて778社に上る。これに対し、電力小売り自由化後に電気の販売に必要となる小売電気事業者には2015年11月24日現在で66社が登録を行っている。

大手電力の収益環境は、2011年の東日本大震災による福島第一原子力発電所の事故以降、きわめて厳しい状況が継続している。全ての原子力発電所を停止したこと及び原料調達コストの増加により、2012年度に北陸電力を除いた全大手電力会社が営業赤字となり、2014年度時点でも2社を除いて営業赤字の状況が生じている。

また、ガス事業者においては、現行において一般ガス事業、簡易ガス事業及びLPガス販売事業の3つに区分されている。一般ガス事業は導管を用いて都市ガスを供給する事業であり、東京ガス、大阪ガスなどがこれに該当する。簡易ガス事業は、小規模な地域内で供給拠点を設置し、導管で需要家にガスを供給する。LPガス販売事業は簡易ガス事業以外でLPガスを販売する事業者を指し、液石法の対象となっている。それぞれの事業者数は多数にのぼり、一般ガス事業者は全国に209事業者、簡易ガス事業者は1452事業者、LPガス事業者は2万1052事業者を数え、地域ごとの分散度が極めて高い事業となっている。

大手ガス事業者は比較的安定的な収益を確保しているものの、都市ガスの小売価格がLNG価格の変動に左右される事業構造となっている。また、各社は、中長期的に国内での需要環境が成長することが見込めないことから、発電事業やコージェネレーションシステムの提供などのガス関連又はガス以外の分野での収益源の確保を目指している。

業法規制の変更により業界の枠組みが変わり、電力・ガス分野における参入障壁が撤廃されることから、①電力・ガスに留まらない総合型のエネルギー企業化を通じた効率化、②異分野からの参入による競争の促進、③送配電分野等の分離を通じたグループ構造の変革が促されることになる。このため、各社はシステム改革を見据えた事業戦略を構築しつつあり、合従連衡の動きが活発化している。

個別企業のM&Aの新潮流

大手電力、大手ガスともに小売り自由化及び総合的なシステム改革を控えて、M&Aの活用を含めた対応方針を打ち出している。経営効率化をめざした一つの動きが、東京電力と中部電力による燃料・火力分野にかかる包括的アライアンスの実施である。両社は、折半出資により新規の燃料上流事業開発・燃料調達事業、国内火力発電所の新設・リプレース事業、新規の海外発電所事業をそれぞれ目的として、株式会社JERAを設立した。同社は、発電分野で最も大きなコストを占めるエネルギー調達分野で競争力ある企業体を目指すことにより、他社を上回るバイイングパワーを獲得して調達コストを低減する一方で、国内で最もノウハウを有する火力発電分野での両社の知見を集約して効率化を推進し、燃料上流・調達から発電までのチェーンを一体的に運営して効率・競争力を高めることを目指している。

東京電力は、その管内が他地域と比して極めて有望な市場であることから、新規参入者からの競争を受けやすい立場にある。そのため、間近に迫る小売り自由化に対応する施策として、各種事業者との提携関係の構築を急いでいる。資本を伴う関係にまでは至っていないが、2015年の5月から6月にかけて、①リクルートホールディングス及びロイヤリティマーケティングとウェブサービス開発とポイントサービス提供の業務提携に向けた基本合意、②ソフトバンクモバイルと全国レベルでの電気・通信のセット販売などで提携し、営業やサービス開発で協力することについて検討を推進、③カルチュア・コンビニエンス・クラブとポイントサービスで提携、④TOKAIホールディングスと全国の家庭・法人向けの電力販売で提携、⑤USENと法人向け電力販売及び同社サービスとのセット販売で提携、といった形で小売り関連の多様な分野において提携関係を強化し、防衛線を構築している。

東京電力の場合には、震災による賠償に対応する施策も継続しており、総合特別事業計画及び新・総合特別事業計画に沿って、コスト削減策のひとつとして子会社・関連会社の切り離しをM&Aを利用して実行に移している。これは、原発事故という特殊な事情があったとはいえ、電力各社が自社のコスト構造を見直すにあたり、電力の安定供給や将来の新規参入者との競争とのバランスを取りながら事業の再構築を進める際の一つの指針となる動きともいえよう。

首都圏地域で東京電力と直接競合することになる東京ガスは、首都圏における中堅ガス会社との提携や、自社の発電能力の向上とともに、海外での権益獲得に動いている。同社は、長期ビジョンで電力・その他事業の比率を現状の20％から25％まで拡大することや、海外事業の比率を同10％から同25％まで拡大することを掲げている。海外では２０１３年には米国コーブポイントのＬＮＧプロジェクトに参画して調達先を拡大する動きを見せているほか、国内では発電所事業において２０１５年3月に九州電力・出光興産が参加する千葉県内の石炭火力発電への出資や、昭和シェル石油と共同して扇島パワーの3号機建設などに取り組み、ガス・電力を組み合わせたサービス体制の構築を進めている。また、グループ内において２０１４年12月に東京ガス・エンジニアリングとエネルギーアドバンスを合併させエネルギーチェーンの上流から下流まで貫いたエンジニアリング事業を統合したほか、同時に給排気・建築・ガス安全設備事業、ガス機器メンテナンス・販売等を行うトーセツ及び東京器工の合併、広告・プロモーション、施設運営、食・住関連事業等を行うアーバンコミュニケーションとリビング・デザインセンターの合併を同時に決めるなどしており、組織上のリストラクチャリングを推進してより高収益な体制整備を進めている。

また、他のガス事業者においては、２０１５年に静岡ガスがタイの発電事業者に出資を行った。同社は、国内でも発電事業を計画しているが、これに先行した形でアジア地域での事業の拡大やノウハウ取得を目的に、海外での発電事業への出資に踏み切った。国内市場での規制環境の変化や市場の飽和が進む中で、M&Aを利用して新たな事業ポートフォリオやノウハウを獲得する戦略の一例といえよう。

自由化の先行する欧州地域

欧州地域では、EUにおいて1996年にEU電力自由化指令が成立したことを契機に、発電部門の全面自由化と小売り部門の部分自由化や部門分離に関する法律が定められた。EU加盟各国が対応する形で法整備を進めた結果、合併・新規参入などにより競争が促された。また、ガス分野においても1998年にEUガス指令が発せられたことを契機に、自由化が推進されてきた。国ごとに自由化のスケジュール・分離方法は異なり、また、自由化後の状況も一律ではないものの、欧州地域においてのエネルギー事業者の集約につながっている。

ドイツでは、2006年にVEBAとVIAGといった2大電力事業者が合併し、E.Onが誕生した。合併した両社はもともと電力事業者であったが、その後のガス会社の買収によりガス事業にも参入するとともに、ノンコア事業を売却して電力・ガス事業に集中した。また、買収を通じて周辺国にも事業基盤を拡大し、英国では発電事業者のパワージェン、米国ではLG&Eを取得するなどして、英国、スウェーデン、チェコ、ロシア、ハンガリーまで進出している。その後、2014年12月には事業セグメントを従来型電源、国際エネルギー取引、資源探査・掘削に分けて別会社化して売却する方針を発表し、自身は再生可能エネルギー、顧客回りネットワーク、顧客サービスに集中する予定であり、自由化後に極めてドラスティックに事業体を変遷させている。

また、フランスでは、欧州最大のガス会社であったGDFと電力大手で水道や廃棄物処理なども手掛けるスエズが2008年に合併し、GDFスエズが誕生した。フランスの送配ガス網、LNG基地を独占する企業体であるが、英国で電力大手の一角であったインターナショナル・パワーを買収するなど海外展開を積極的に進めている。

欧州地域は、各国で資源の保有量が異なり、自由化による影響の出方も異なるところがあり、各国企業の特徴は異なるが、2000年代のM&Aを経て事業者の規模は大きく拡大した。また、2009年にEU加盟国が「20・20・20目標」という「温室効果ガスを2020年までに20%削減し（1990年比）、総エネルギー消費量に占める再生可能エネルギーの割合を20%まで引き上げ、エネルギー効率を20%改善する」という共通目標を設定しており、水力、風力、太陽光、バイオマスなどへの取り組みが進められている。

欧州各国とは、背景とする自国での資源及び大陸という地続きの地理的側面などは異なる面があるものの、これらを例にとると、今回の本邦における自由化への流れがきっかけとなり、①縦割りの業界を超えた再編についての戦略検討がなされざるを得ないこと、②国内の需要飽和も背景として、国内だけでなくアジア地域やそれ以外の地域を視野に入れた事業ポートフォリオの構成を検討する段階に入っていることが言え、そのツールとしてのM＆Aの利用はますます活発となることが予想される。

第十一章

健康産業（医療）・ヘルスケア分野における
M＆Aの新潮流

医療法人（病院）のM&Aの新潮流

近時の病院をとりまく環境と病院M&Aの活性化

『全国公私立病院連盟・社団法人日本病院協会の調査』（図表11－1－1）によれば、度重なる、診療報酬[*1]の改定（削減）等の影響もあり、平成26年6月の総収支差額から見た総数における赤字病院の割合は、77・8%と非常に高い値となっている。これは、政府が国民医療費の増加を抑えるため、2年毎の診療報酬の改定において、基本的に抑制的なスタンスをとっていることによる（図表11－1－2）。合計値では、特に平成14年は、▲2・7%、平成18年は、▲3・16%の大幅なマイナス改定となっている。

このような外部環境のもと、病院経営は厳しさを増してきており、その流れは、（図表11－2）で、病院数の過去推移を見て頂ければ一目瞭然である。

平成5年には9844あった病院が、平成25年には8540と、約1300施設（約13・2%）もの減少となっている。但し、その内訳は、減少数のうち、約1100の病院は、100床未満の病院であることが分かる。これは、経営状態の悪い、中小の病院が大規模病院と統合したり、20床未満の診療所に移行する等規模縮小を行ったり、あるいは、廃院等に

図表 11-1-1　開設者別赤字病院の構成割合の年次別推移

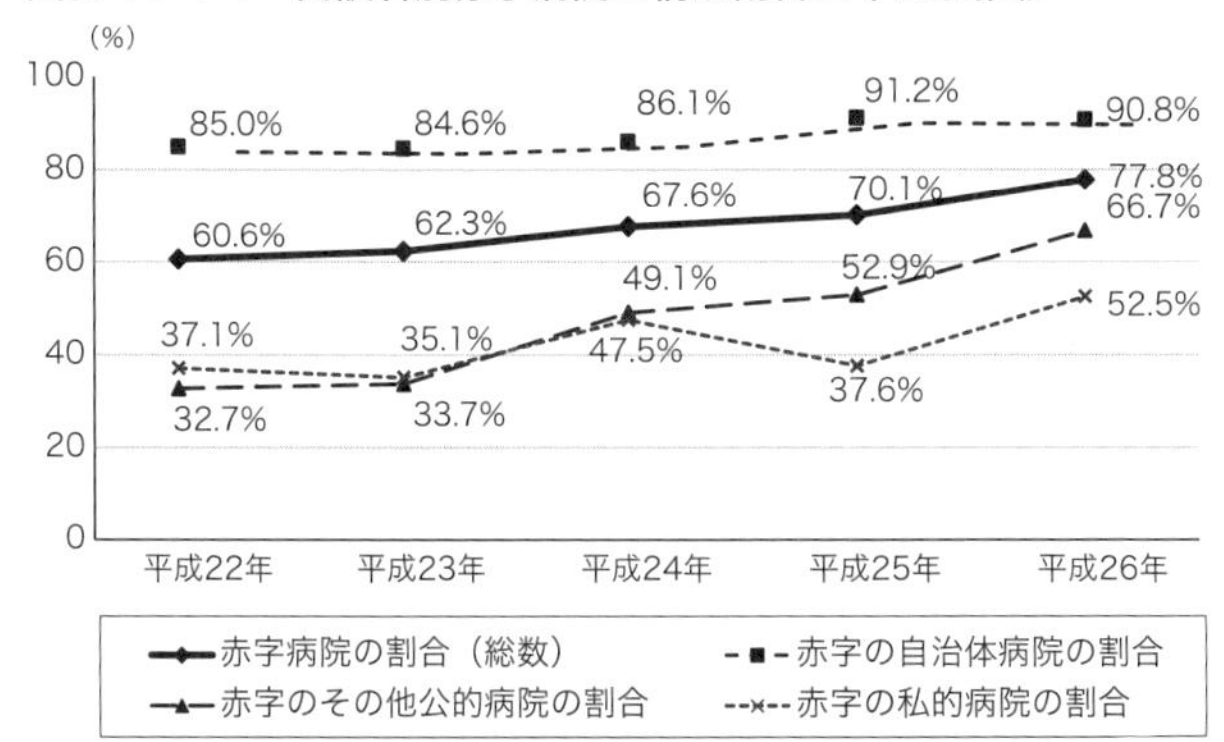

出所：全国公私病院連盟・（社）日本病院会「平成26年度病院経営実態調査報告」（平成26年６月）を基に、日本政策投資銀行「病院業界事情ハンドブック2015」に掲載した資料より抜粋。

図表 11-1-2　診療報酬及び薬価基準改定率の推移

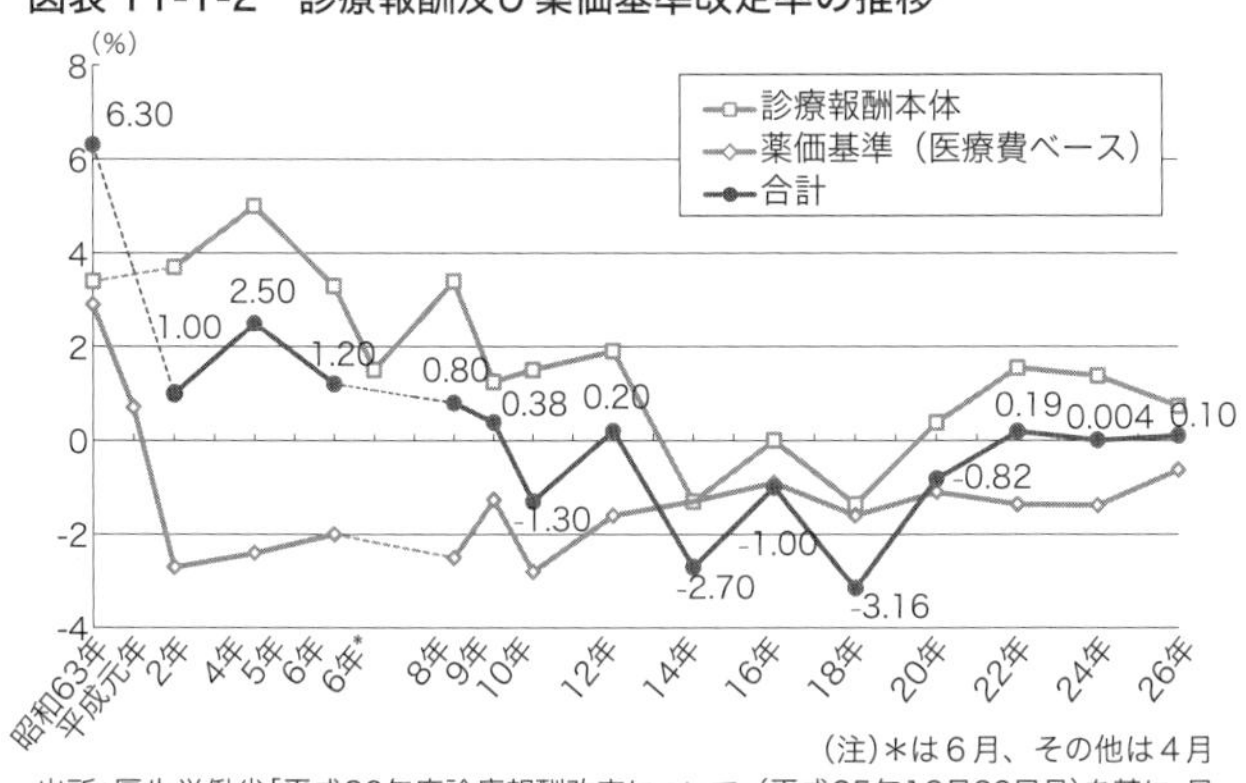

（注）＊は６月、その他は４月

出所：厚生労働省「平成26年度診療報酬改定について」（平成25年12月20日月）を基に、日本政策投資銀行「病院業界事情ハンドブック2015」に掲載した資料より抜粋。

図表 11-2　病院施設数の年次推移（病床規模別）

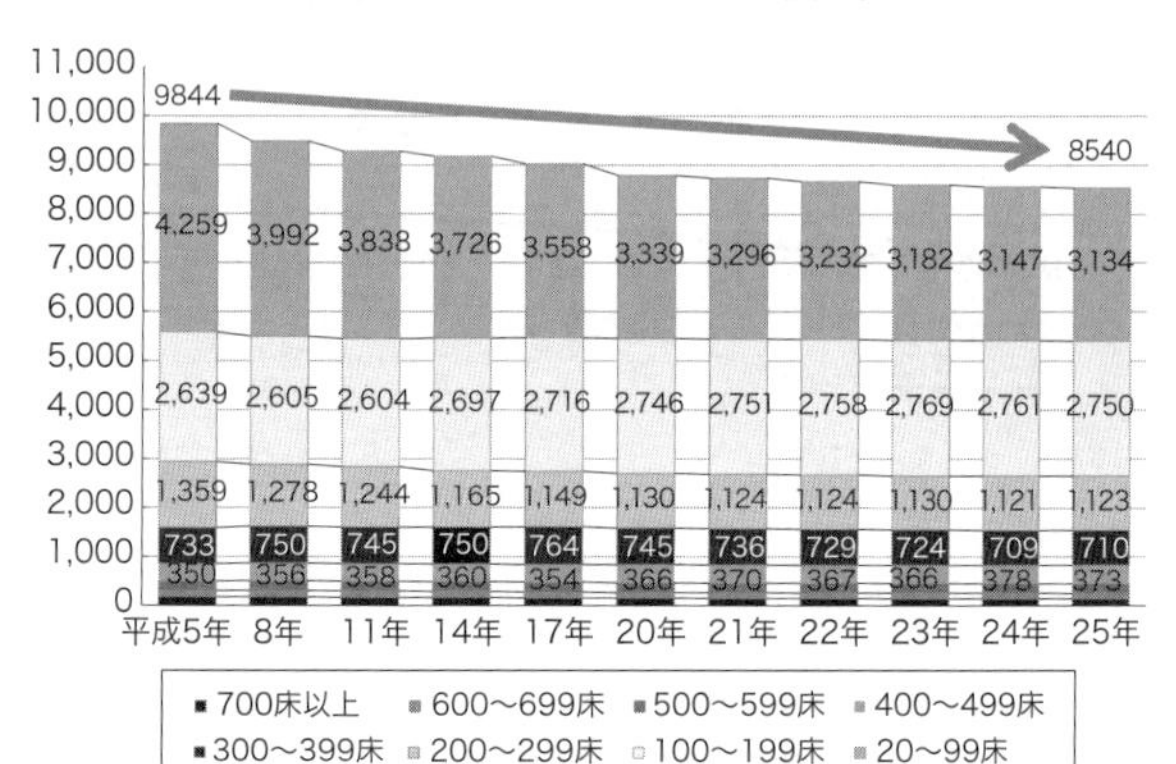

出所：厚生労働省「平成25年医療施設（動態）調査・病院報告」を基に、日本政策投資銀行「病院業界事情ハンドブック2015」に掲載した資料より抜粋。

より総数が減少していることによる。なお、病院の倒産件数は、平成17年〜平成26年の10年間では、年間30〜50件台で推移している。

かかる病院の厳しい外部環境のもと、同業界でも「勝ち組」「負け組」の選別が進み、結果として病院の再編の流れの中、広域に展開する医療グループや、地域ドミナントを志向する医療グループによる他病院の買収ニーズは高まっており、当該ニーズを背景にM＆Aが活発化している状況にある。また、一方で、近時、医療法人理事長（医師）の事業承継等のニーズ（後継者難）から、医療法人経営者（個人）が交替するという構図のM＆Aも数多く行われている。

病院の類型

病院は設立主体（法人格）により、様々な類型が存在する。開設主体により、国、自治体、その他公的病院（日赤、済生会、厚生連等）、公益法人、医療法人、株式会社等多岐にわたるが、一般に、近時病院M＆Aが比較的多く行われるのは、医療法人及び、企業立病院（株式会社保有）の形態である。

医療機関M＆Aの手法

医療機関のM＆Aは、その手法により、主に次の4種類のスキームに分類される。①事業譲渡②合併（医療法人の場合）③出資持ち分譲渡（持ち分の定めのある社団医療法人の場合）④理事会・社員総会メンバーの交替（財団医療法人等の場合）。それぞれの場合のスキームの概要を、図表11‐3に示す。

なお、「出資持ち分」には、財産的な価値はあるが、株式会社の「株式」とは異なり、出資持ち分によって各医療法人の意思決定に影響を及ぼすことはできない。株式会社の株主総会に相当するのは、医療法人の場合、「社員総会」である。従って、社団の構成員たる「社員」

図表 11-3　病院施設数の年次推移(病床規模別)

(1)事業譲渡

・医療法人（もしくは企業立病院の場合、会社）の中で構成される、（組織化された有機的一体としての）個々の病院(財産)を譲渡する場合のスキーム。当該スキームの場合、病床移転の許認可を取得できるかがポイント（個別に行政が審査）

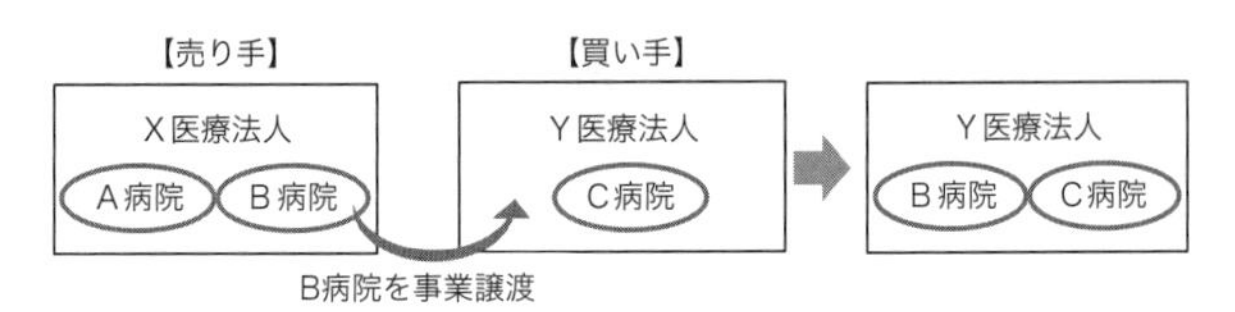

(2)合併

・「合併」は、複数の企業体が1つの企業になることをいい、医療法で唯一定められている組織再編行為。医療法人の合併を行う場合は、都道府県知事の認可が必要とされる。

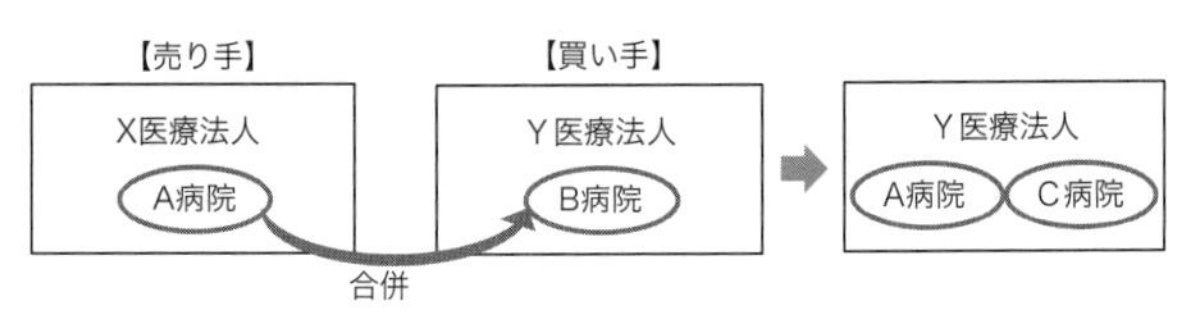

であることが、社員総会で議決権を持つことを意味し、医療法人の場合、ガバナンス上重要となる。

企業立病院のM&Aの動向

近時、企業立病院（株式会社あるいは、企業の健保組合が保有する病院）も、譲渡される事例が増えてきている。これらの病院は、もともとは、医療法が昭和23年に施行される以前から、本業とは別に社員の福利厚生目的に設立された病院である（現在、新たに株式会社が病院を開設することはできない）が、今では、社外の市民一般にも公開されている

(3)出資持分譲渡

・「出資持ち分譲渡」は、（持ち分の定めのある）社団医療法人を売り手と、買い手で直接譲渡することにより行われる。

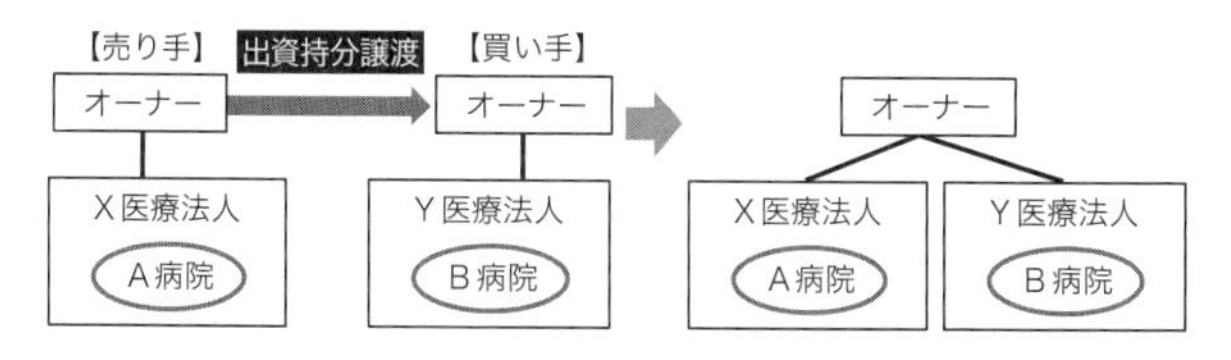

(4)理事会・社員総会メンバーの交替（財団医療法人等の場合）

・持ち分の定めのない社団医療法人や財団医療法人の場合、その医療法人の意思決定機関である、理事会、社員総会メンバーの交替を行い、これらの機関を買い手側の関係者で構成する。

・売り手側関係者には、役員退職金などを支給し、当該資金は、買い手側（理事長もしくは、MS法人等）が貸与することで、事実上の譲渡対価とすることが多い。

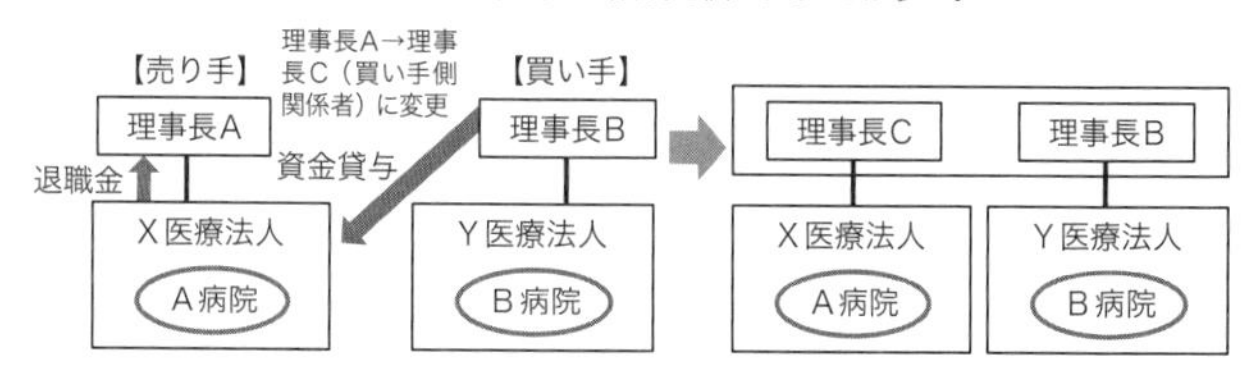

病院がほとんどである。中には地域中核病院として、事実上公的病院の代替施設としての機能を有する大規模病院もある。

但し、近時、企業の従業員もしくはその家族が利用する割合は、一般的に相当程度低下してきている。*2

社員の福利厚生としての歴史的使命は終えている病院も中にはあることから、施設の老朽化による大型の追加設備投資コスト（資本の効率性）や、本業との親和性等も勘案し、専業の医療法人に譲渡する事例も増えてきている。譲渡先は、地元の有力医療法人や、広域展開する大手医療法人グループの事例が多い。新たな

図表11－4　企業立病院数の推移

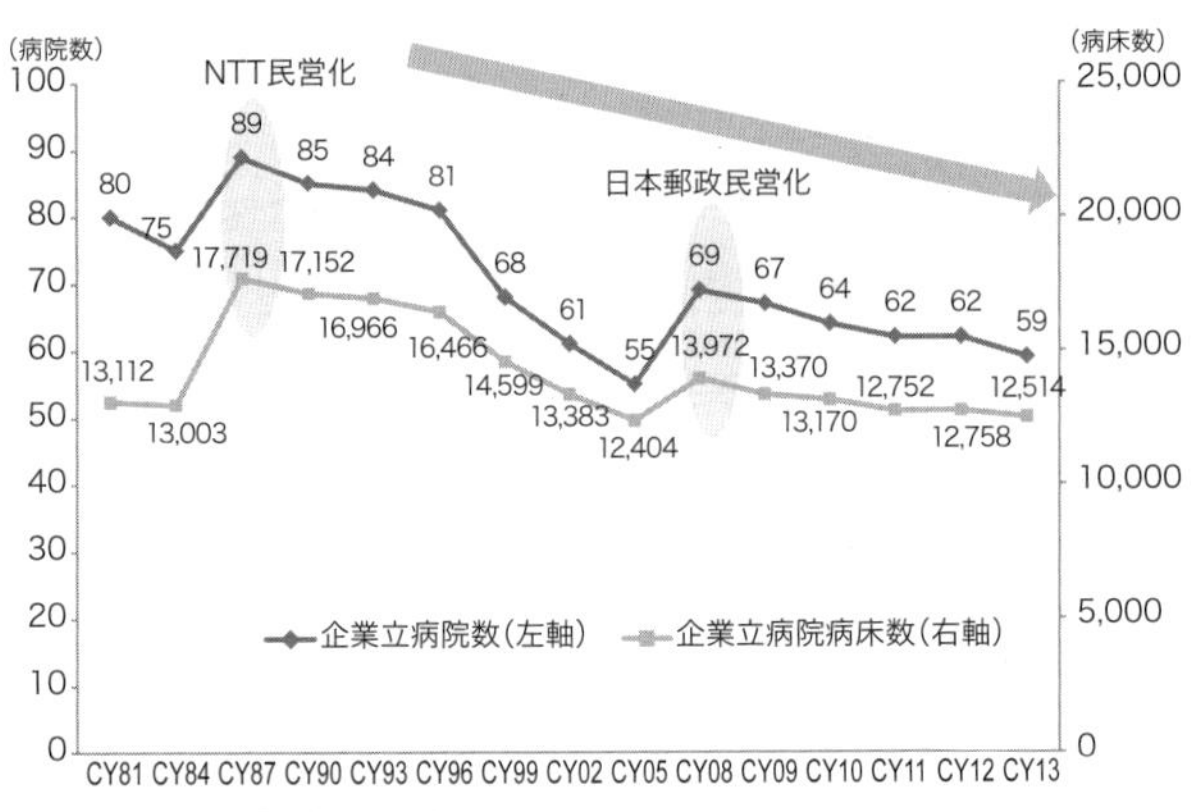

（出所）厚生労働省『医療施設調査』

ガバナンスのもと、たとえ名称は変更しても専業の医療グループの経営により、より高度な医療サービスも可能となり、（例えば廃院の選択肢に比べ）「地域医療に貢献しつづける」との使命は維持することができる。また、病院経営が、株式会社でなく、医療法人に移行する場合、「老健」[*3]や、グループ内の社会福祉法人による「特養」[*4]といった、介護諸施設の併設も同じ法人グループの中で可能となり、より幅広い収益機会ならびに、患者への有機的なサービスの展開が可能となるのも大きなメリットである。

　譲渡スキームとしては、ほとんどの場合が、前に「医療機関のM&Aの手法①」で説明した「事業譲渡」スキームが取られる。

　なお、日本政策投資銀行では背景は多岐に

図表11－5　人口推移

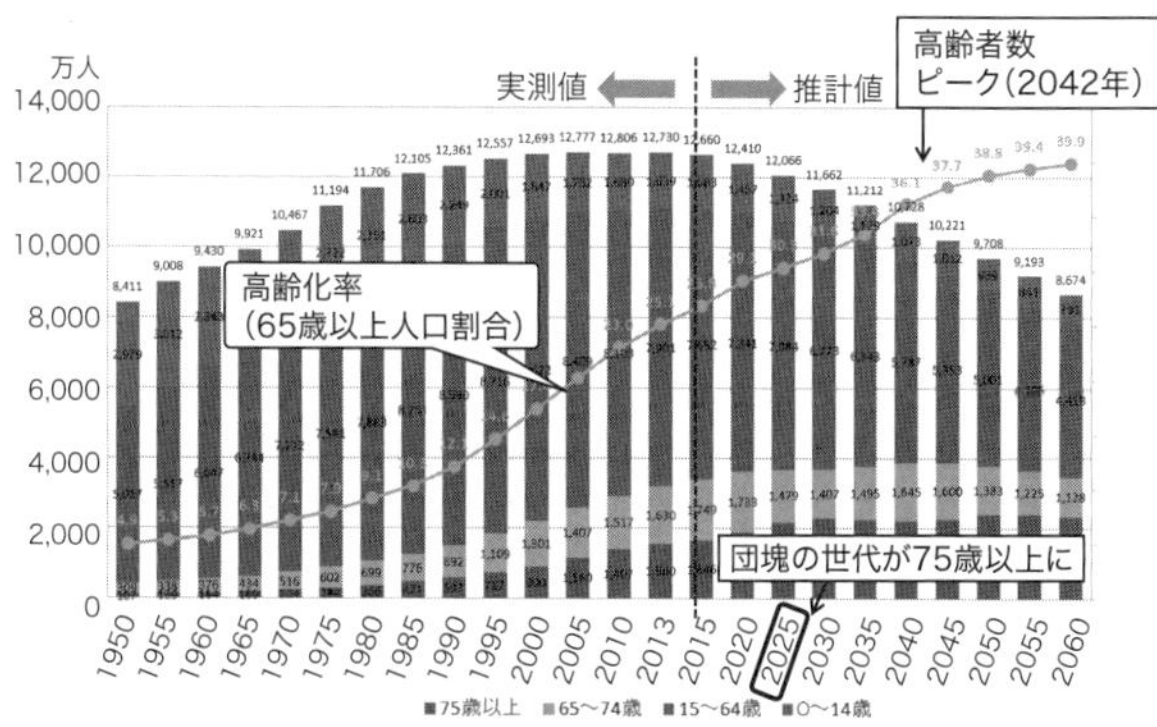

出所：総務省「国勢調査」および「人口統計」、国立社会保障・人口問題研究所「日本の将来推計人口（平成24年1月推計）」出生中位・死亡中位推計」（各年10月1日現在人口）より日本経済研所作成

渡るものの当該分野で多数の案件の相談を過去受けてきており、実際に成約に至った例も多い（全般的動向について、図表11‐4）。

介護事業のM＆Aの新潮流

介護事業をとりまく環境

図表11‐5では、総務省「国政調査」等をもとにした、今後2060年までの、人口推移（推定）グラフが示されている。当該データでは、65歳以上の高齢者は、総人口の減少傾向の中でも増加しており、2042年にピーク（3878万人）を迎える。当然高齢化率も上昇し、団塊の世代が75歳以上となる2025年は30％を超える。更に2060年には、40％

図表11－6　介護業界M&A件数推移

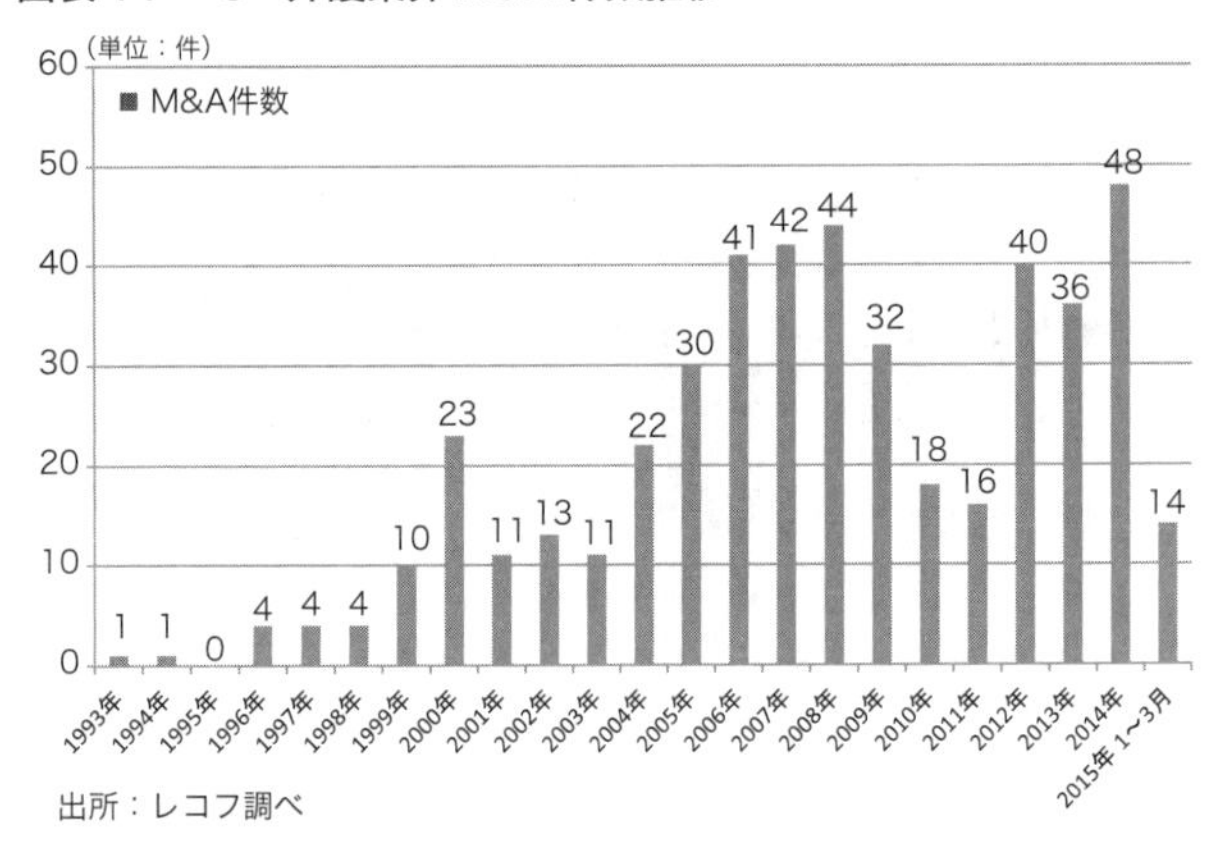

出所：レコフ調べ

近くにまで至る予測がなされている。高齢化社会が言われて久しいが、今後更にその傾向は増大し、総人口減少下であっても介護事業のマーケットが当面拡大していくことが明らかに予測される。特に、高齢者人口は都市部に集中しており、今後は都市部における高齢化が加速することにより、介護需要が一層増加することが予測される。

介護事業のM&Aについて

　このような介護事業をとりまく環境の下で、近時、介護企業のM＆Aの活発化は一層顕著になってきている。図表11‐6は、レコフ社データによる、1993年以来の、介護業界のM＆A件数の推移である。2000年に23件と急増しているのは、同年の介護保険制度導入により民間事業者の

図表11－7　2014年～介護護業界M＆Aの主な事例(国内：抜粋)

時期	買い手	買収(出資)対象	内容
2014	第一交通産業(第一ケアいこい)	アプロステーション訪問介護事業	・第一交通産業は、全額出資子会社で介護付有料老人ホーム運営の第一ケアサービス(福岡県北九州市)が設立した第一ケアいこい(同)を通じて、ビル管理・コイン駐車場・防犯システムなどのアプロステーション(同)から訪問介護事業を譲り受けた。 ・第一交通産業はサービス付き高齢者向け賃貸住宅「エスパレス一枝」(同)を2015年1月からの入居開始に向け2014年4月に着工した。北九州初のクリニックモール、大型ドラッグストアと連携した「複合ケア開発プロジェクト」として始動する。
2014	ゼンショーホールディングス	介護サービス輝	・介護サービス輝：北海道札幌市やその周辺都市に高齢者向け賃貸住宅11棟、サービス付き高齢者向け住宅5棟、住宅型有料老人ホーム1棟を運営。 ・ゼンショーグループ：国内外に4784店の外食店舗と112店の小売店舗を展開する企業グループ。今般のM＆Aで上記会社の株式を取得し、介護事業に参入。
2014	ALSOK	HCM	・綜合警備保障(ALSOK)は、三大都市圏で幅広く訪問介護や施設介護サービスを提供する(東京都港区)の全株式を取得し子会社化。 ・ALSOKは、2012年秋に「HOME ALSOK」ブランドを立ち上げ、介護事業に参入。HCMの売上高は、約39億円。訪問介護事業所を全国に74カ所、有料老人ホームを5カ所展開。
2014	積水化学工業	ヘルシーサービス	・積水化学工業は、千葉県を中心に介護サービス事業を展開するヘルシーサービス(千葉市)の全株式を日本プライベートエクイティ(千代田区)から取得し、首都圏での高齢者向けサービス事業を本格展開する。 ・将来的には全国の主要地域で事業展開を目指し、2025年の高齢者向け事業売上高500億円を目指す。
2015	ソニーフィナンシャルホールディングス(ソニー・ライフケア)	ゆうあいホールディングス	・ソニーフィナンシャルホールディングスは、傘下のソニー・ライフケアを通じて、介護付有料老人ホーム運営のゆうあいホールディングス(横浜)に資本参加する。 ・ゆうあいホールディングスは売上高約60億円。従業員約1000人。運営施設数29カ所。ソニー・ライフケアは、2014年4月の設立以来、事業参入戦略として有料老人ホームの運営、新設計画を進めている。

（出所）レコフ調べ

介護サービスへの参入が認められ、ニチイ学館等の大手がM&Aを一層活用する様になったためである。

その後は、リーマンショック後の景気低迷を反映し、２０１０年は18件、２０１１年は16件と減少したものの、２０１２年は再び40件の大台にのり、２０１４年は過去最高の48件を記録している。（図表11‐６）

近時の特徴は、異業種からの参入が多いことで、介護事業を本業と関連する新規注力事業と位置付け、強化する企業が多い。（データによると）48件中、10件が「新規参入・多角化」のコンセプトでのM&Aに該当する。当該位置付けのM&Aの中には、日本政策投資銀行もFAとしてかかわった、綜合警備保障（ALSOK）によるHCM（東京）の買収や、日本プライベートエクイティによるヘルシーサービス（千葉）の売却も含まれる。（図表11‐７）

［1］診療報酬とは、保険診療として医師等が行う医療行為に対して保険付保される際の技術料等の単価。診療報酬は「診療報酬本体」（医療）と「薬価」に大別される。

［2］概ね10％〜15％と言われる。

［3］「老健」＝介護老人健康施設。比較的少ない費用負担で、医療管理下での看護や介護、回復期のリハビリが受けられる施設。

［4］「特養」＝特別養護老人ホーム。寝たきり状態など、介護を必要とする重度の要介護者が、少ない費用負担で長期入所できる施設。

第十二章

ＩＴ及び小売り分野におけるＭ＆Ａの新潮流

ＩＴ分野におけるＭ＆Ａの新潮流

通信及び情報サービス分野の企業の事業環境

ＩＴを利用したサービス、通信等のインフラ及び機器を含めた広い意味でのＩＴ分野は、産業分野として幅広く、情報社会の進展とともに関連領域を広げている。本項では、ＩＴ分野の中でも通信サービス及び情報システムに焦点をあて、企業が直面する課題の解決のための事業戦略の実行ツールとしてのＭ＆Ａがどのように活用されているかについて見ていきたい。

通信サービス分野は約３０年前にＮＴＴが民営化された通信自由化以降、一貫して拡大しており、通信事業者大手３社（ＮＴＴグループ、ＫＤＤＩグループ、ソフトバンクグループ）の売上高の合計は約４倍に増えた。成長を牽引してきた移動体通信は、スマートフォンやスマートフォンを利用したゲームなどを含むサービスの増加とともに、音声通信からデータ通信にその収益源をシフトしている。移動体通信がその収益の源泉となっているが、ユーザーのネットワークへの接続ポイントを複合的に押さえ込み、データ通信やストレージを含めた総合的なサービス提供を目指す場合や、データ通信の収益をより高める方向でアプリケーションの分野を強化する状況が生じている。

他方、ソフトウェア・システムベンダと呼ばれる情報システム分野は、２００８年のリーマンショック以降、企業のＩＴ投資が縮小したことから、厳しい経営環境が続いてきた。しかし、２０１１年〜12年頃を境として環境は大きく変化している。その要因の一つは、企業や政府による大型のＩＴ投資による活況である。メガバンクによるシステム統合案件は、元請け、下請けの業界構造を有する情報システム産業において、幅広くその恩恵が行き渡り、業界全体の業況を底上げする効果を有している。また、同様に政府系のプロジェクトとして、マイナンバー（社会保障・税番号制度）制度は、旧来の複数機関において存在した個人情報を統合するシステムでもあり、情報システムがマイナンバー制の中核となっていて、関連システムを含めて裾野の広い需要が見込まれる。（図表12‐1　総務省「平成27年版　情報通信白書」ｐ．43）

事業構造変化の圧力

いずれの分野も、継続的な構造変化の圧力がかかっている。一つはクラウドビジネスの進展である。従来型のＩＴシステムを保有する形式から、ネットワークを通じてＩＴサービス

図表12－1　ＩＴの変遷

（出所）総務省「平成27年版　情報通信白書」p.43

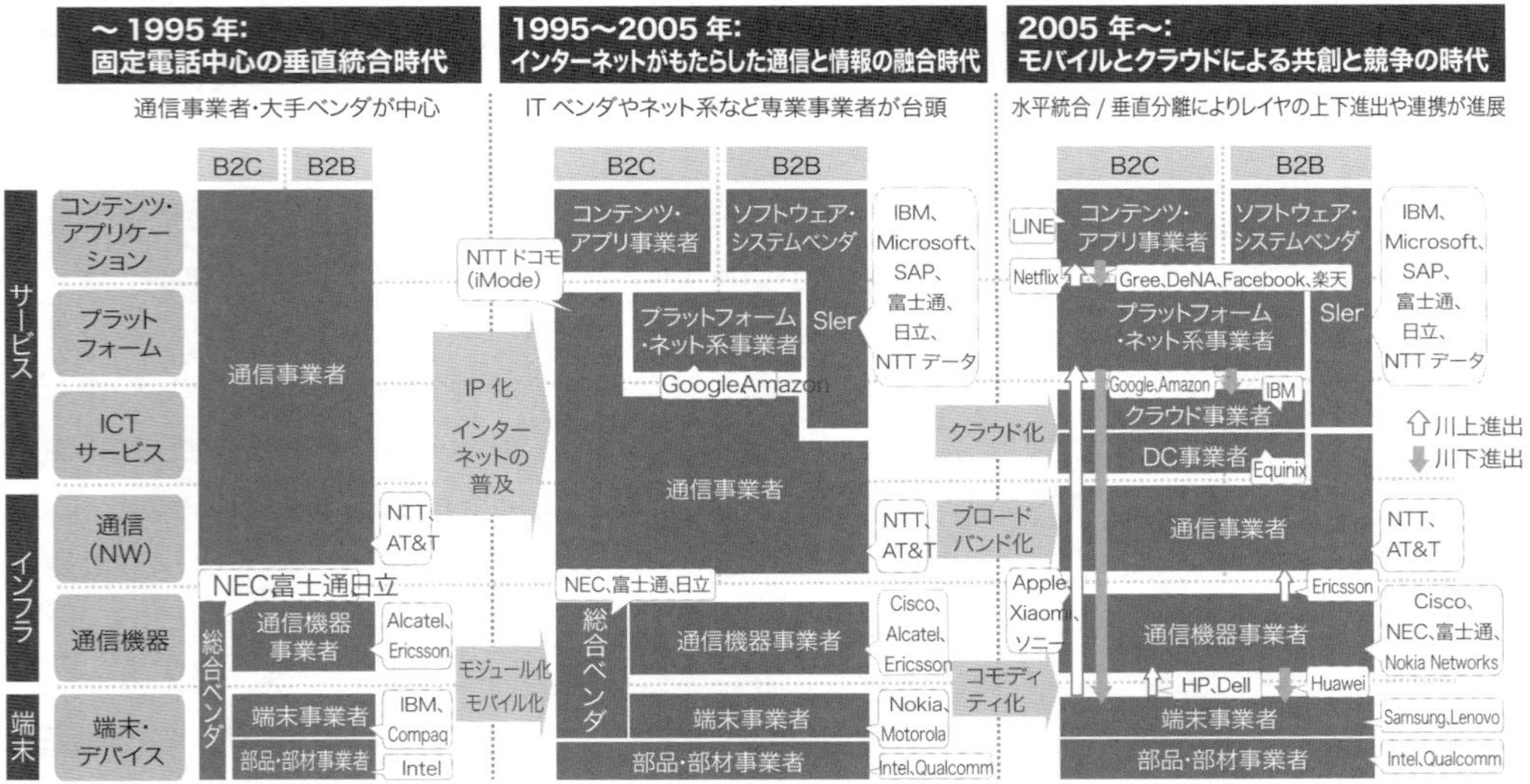

~1995年:
固定電話中心の垂直統合時代
通信事業者・大手ベンダが中心

1995~2005年:
インターネットがもたらした通信と情報の融合時代
IT ベンダやネット系など専業事業者が台頭

2005年~:
モバイルとクラウドによる共創と競争の時代
水平統合 / 垂直分離によりレイヤの上下進出や連携が進展

サービス
コンテンツ・アプリケーション
プラットフォーム
ICTサービス
インフラ
通信（NW）
通信機器
端末
端末・デバイス

B2C
B2B
通信事業者
NTT、AT&T
NEC富士通日立
総合ベンダ
通信機器事業者
Alcatel、Ericsson
端末事業者
IBM、Compaq
部品・部材事業者
Intel

IP化
インターネットの普及
NTTドコモ（iMode）
モジュール化
モバイル化

B2C
B2B
コンテンツ・アプリ事業者
ソフトウェア・システムベンダ
IBM、Microsoft、SAP、富士通、日立、NTTデータ
プラットフォーム・ネット系事業者
Sler
GoogleAmazon
通信事業者
NTT、AT&T
NEC、富士通、日立
総合ベンダ
通信機器事業者
Cisco、Alcatel、Ericsson
端末事業者
Nokia、Motorola
部品・部材事業者
Intel、Qualcomm

クラウド化
ブロードバンド化
コモディティ化
Apple、Xiaomi、ソニー

B2C
B2B
LINE
コンテンツ・アプリ事業者
ソフトウェア・システムベンダ
Netflix
Gree、DeNA、Facebook、楽天
プラットフォーム・ネット系事業者
Sler
IBM、Microsoft、SAP、富士通、日立、NTTデータ
Google、Amazon
IBM
クラウド事業者
DC事業者
Equinix
通信事業者
NTT、AT&T
Ericsson
通信機器事業者
Cisco、NEC、富士通、Nokia Networks
HP、Dell
Huawei
端末事業者
Samsung、Lenovo
部品・部材事業者
Intel、Qualcomm

⇧川上進出
⬇川下進出

を利用する形式への移行が進みつつある。ネットワークインフラやストレージの能力が十分に拡大・拡張し、セキュリティーにかかる技術も整備されつつあり、企業側にとってはシステム運用の柔軟性やコスト削減の効果からクラウド形式にシフトする傾向が強まるものとみられる。また、当該業界においては、継続的に技術革新及び新規サービスが生じている。モバイルゲームやアプリケーション開発等のように、新たなサービスが次々と生まれ、既存のネットワークやプラットフォームに乗せることによって急速に拡大しやすいため、そうしたゲームチェンジャーの生まれやすい素地がある。加えて、顧客となるユーザーが一層グローバル化していることがサービス提供者である企業にも影響を与えている。例えば、情報システム分野では、そもそも海外拠点の整備の流れは大企業だけでなく中堅企業にもひろがっており、アジア圏を含めて海外拠点への均質なサービス提供を求める企業は急速に増えている。サービス提供側からすると、企業活動に合わせて海外でのサービス提供をいかに進めるかに注力する必要があろう。

個別企業のM&Aの新潮流

大手通信会社であるソフトバンクは、Ｍ＆Ａによって通信事業に参入してきたが、継続的にM＆Aを活用した事業戦略を進めている。国内の通信市場の成長力の制約から飛躍することを目指し、２０１３年には米国携帯電話大手であるスプリントを過去最大級の規模で買収した。また、フィンランドのモバイルゲーム会社であるスーパーセルの買収や、インドや韓国においてEコマース運営会社に出資するなど、①本業に近い企業については大型の買収も含めて果敢に決断し、②周辺事業については出資等で先方の成長インセンティブを維持しつつグループ化するなどして大胆かつ柔軟にM＆Aを活用している。

通信事業分野及び情報システム分野の双方で最大手クラスにあるNTTグループは、システムインテグレーション事業及びネットワーク事業の両面から海外拠点の整備を進めている。NTT本体では、２０１０年に通信サービスプロバイダーの南アフリカのディメンションデータを取得してグローバル拠点を一挙に広げた。NTTデータはEPRやコンサルティングにかかる企業群の買収を推進しており、その顧客基盤を獲得するとともに、顧客のグローバル展開時におけるサービス提供基盤を構築しており、例えば欧州ではSAPコンサルティング会社のドイツのアイテリジェンスを２００８年に買収し、２０１０年には米国でインテリグループやキーンを獲得することなどによってサービスデリバリーの拠点とリソースを相次いで獲得している。同様にNTTコミュニケーションズは、インド、英国、米国、ドイツ、インドネシアなど世界各地でデータセンター運営事業者を取得するとともに、セキュリティー分野やクラウド向け会議システムなどのソリューション提供会社などもＭ＆Ａによって取り込んでおり、①ネットワークインフラの強化に資する企業群の取得、②ネットワークの付加価値分野にかかわる取得、を進めており、右に述べた垣根内外での事業戦略を推進している。

日立グループでは、２０１０年には日立ソフトウェアエンジニアリングと日立システムアンドサービスの統合、２０１２年には日立ビジネスソリューションを完全子会社化するなど、グループ内での機能統合・効率化を進めてきた。これらに加えて、海外での拠点整備に資するようなフランス、イタリアでのシステム会社買収や、ソリューション分野である決済サービス企業や、米国のビックデータの解析会社であるペンタホ、カナダのセキュリティーシステム提供会社であるアバブセキュリティーを買収するなど、ソリューション分野や既存のビジネス基盤に加えて海外拠点の整備を進める段階にステップアップしている。

富士通は、もともと情報システム分野では欧州地域に基盤を有するが、２０１３年にクラウドの接続ソフトに強いフランスのラン・マイ・プロセスや２０１５年に英国で交通系ＩＴシステム企業を取得するなど、特に基盤のある欧州地域で付加価値を高める形でのソリューションを有する企業をそのグループ内に取り込んでいる。

このように、①通信事業者においては、データ通信需要の取り込みやアプリケーションやゲーム分野の取り込みを目指したＭ＆Ａが実行に移されるとともに、②情報システム分野においては、統合的なクラウドサービスの提供を目指した付加価値分野の取り込みやグローバル化への対応を目指し、M&Aが活用されている。

小売り分野におけるM&Aの新潮流

小売り分野の企業の事業環境

小売り業界は、コンビニエンスストア業態を除けば、少子高齢化やネット通販の拡大に加えて利便性や差別化された商品・サービスを志向する顧客動向の絶え間ない変化などにより厳しい事業環境が継続している。しかしながら、経済状況の好転に伴って業態の中でも地域によって業績に差が生じるケースや、新たな消費者ニーズの開拓によって業績を伸ばしている企業もある。そのような中で、古くからM&Aが活用されてきた業界ではあるが、業態内での再編や業態を超えた買収等の新たなM&Aの潮流が生まれている業界でもある。本項では、小売り業界の各業態が置かれている事業環境を振り返った後、近時のM&Aの活用例について説明する。

総合スーパーは、大量仕入れ等による規模のメリットを追求し、大手企業のシェアの拡大が進んできた業態である。しかしながら、専門店の台頭や食品スーパーのローカライズされたきめ細かい対応との競合、加えてネット販売等の拡大により厳しい事業環境が続いている。一部好調な企業もあるが、直近では大手企業の大量の閉店が公表されるに至っている。セブン＆アイ・ホールディングス（セブン）傘下のイトーヨーカ堂において２０２０年２月期までに40店舗を閉鎖する方針を固め、ユニーグループ・ホールディングス（ユニー）も最大で50店舗を閉鎖する検討に入っている。ユニーは、ファミリーマートとの経営統合合意を契機としているものの、規模の拡大によってバイイングパワーを確保して大量・多種の商品を提供するビジネスモデルは、ネット通販の利便性や、専門店の質やスケールメリットの効果が、総合スーパーの規模メリットを含めた優位性を揺るがしている。他方、食品スーパーは、総合スーパーの苦戦の一方で、首都圏を中心に復活の兆しを見せている。食品スーパー３団体が公表する足元の売上実績は、２０１５年8月において既存店ベースで5カ月連続して前年を上回った。５カ月以上のプラスは、１９９２年5月まで以来でおよそ23年ぶりとなった。生鮮品の相場が高いことが影響しているが、雇用環境等の改善によってそうした商品の値上げを受け入れやすくなっている傾向があるとも言えよう。加えて、エリア別にみると都市部で相対的に好調であるが、地方も含めて全国エリアで増加している。ただし、少子高齢化により小型店舗の開発や都市部への集中傾向が想定されるほか、食品という地域性の高い商材を扱うがゆえに、事業オペレーションの規模と独自性をいかにバランスさせるかが課題となっている。また、総合スーパー、コンビニエンスストア、ドラッグストアに加えてネットスーパーといった他業態との競合がさらに進んでいる。

コンビニエンスストアは全国で5万店舗以上となり、大手3社が出店を重ねている一方で、中堅以下の低迷が明確になりつつあり寡占の傾向にある。コンビニエンスストアは、顧客利便性の追求と顧客層の拡大を実現しながら発展し、なくてはならない生活インフラとしての機能を有しつつある。大手は積極的な出店を継続しているが、下位企業では撤退や上位企業のグループ入りが相次いでいる。既存店売り上げの向上に資する商品開発力や新規店舗の獲得力で差が開きつつあり、市場が飽和に近づいているとされ、合従連衡が生じやすい状況が生じている。

ドラッグストアは、小売り業態の中では売り上げを着実に伸ばしていて2014年までの10年間は年率3%を超える成長を記録しており、消費者の健康志向を取り込む形で業容を伸ばしてきた。他方、薬事法の改正により、一部の医薬品がコンビニエンスストア等で販売が可能となり、業界そのものの成熟化による立地の飽和及び他業態との競合が生じやすい事業環境に置かれている。また、相対的に粗利の高い業界ではあるものの、まだ寡占が進んでいないため、規模のメリットやエリアの獲得や調剤薬局を併設する形での集客、付加価値の拡張などの側面から業界における変化が生じている。

個別企業のＭ＆Ａの新潮流

小売り業界においては、各業態内及び業態を超えたＭ＆Ａを通じて消費者ニーズの獲得やスケールメリットの確保を急ぐ動きが生じている。２０１５年に総合スーパー等を傘下にもつ大手のユニーグループ・ホールディングスと大手コンビニのファミリーマートが経営統合することで基本合意した。ユニーはそのグループ内にサークルＫサンクスを有しているが、総合スーパーとコンビニの統合であり、業態を超えたシナジーの発揮がどういった形で達成されるかが注目される。また、同様に業態を超えたケースでは、ローソンが、高級食品スーパーの成城石井やシネマコンプレックスであるユナイテッド・シネマを買収しており、コンビニだけではなくその商流に関わる食品分野やエンターテイメント分野に入り込んで顧客サービスの向上に取り組んでいる。また、Ｊ・フロント リテイリングは、２０１２年に専門店ビル運営のパルコを子会社化しており従来の百貨店の枠から踏み出していたが、２０１５年には通販大手の千趣会の増資を引き受けて持ち分法適用会社とするなど、「マルチリテイラー」としての事業構築を進めつつある。

イオンは、これまでは数多くのM&Aを手掛けてきたが、2014年にはグループ内の総合スーパーであるダイエーを完全子会社化、首都圏における食品スーパーであるマルエツ、カスミ、マックスバリュ関東の経営統合、傘下のドラッグストアであるウエルシアホールディングスを買収及び同社がCFSコーポレーション、タキヤ、シミズ薬局などと経営統合することなどグループ内業態の再編成を一気に進めた。例えば、食品スーパーの統合は、出資関係にあった会社をグループ内に取り込む一方で各社の事業体を維持するなど、スケールメリットの追求と地域性の高い食品分野でのローカルな個性の追求の双方を目指している事例である。

セブンは、コンビニ事業は極めて好調であるが、それ以外の分野においてその業容拡大にM&Aを活用し始めた。2014年にカタログ通販のニッセンホールディングスの買収、雑貨専門店のバルスへの資本参加、2015年にはバーニーズジャパンの完全子会社化など同社のオムニチャネル戦略に沿った事業ポートフォリオの囲い込みを進める。また、食品スーパーである万代、ダイイチ、天満屋ストアへ出資を決めるなど、従来よりもM&Aを利用した戦略的な出資が目立つようになった。自社での力強い成長が期待できるコンビニ業態ではM&Aを活用していないが、それ以外の業態では柔軟にM&Aを活用している。

このように小売り業界においては、高齢化や少子化といった人口動態や、女性の社会進出や単身世帯や夫婦二人世帯の増加などの社会構造の変化の影響を直接的に受け、ネット通販に代表されるような新たな業態の脅威にさらされている中で、①業態を超えたマルチチャネルの獲得に向けたＭ＆Ａ、②業態内でのスケールや規模を確保しつつ新たな需要を掘り起こそうとするＭ＆Ａ、などの新たな流れが生じている。

第十三章

製造業におけるM＆Aの新潮流

広がる業界再編の動き

業界再編の意義とその背景・効果

①業界再編の事例

製造業・非製造業にかかわらず、業界の上位企業同士が統合を発表したり、世界的トップ企業が合弁会社を立ち上げたりと、世界的に活躍する企業同士の合従連衡の動きが活発化している。図表13－1の通り足下の製造業の動きを見るだけでも数千億円から数兆円単位の統合・再編の動きが見られる。これらの動きは、究極的には「市場における優位な地位の確立」が業界再編の目的と思われるが、改めてその背景・効果について整理してみたい。

②業界再編の意義

企業の継続・成長を考えるとき、その企業の属する業界において、その業界の規模そのものをいかに認識し、いかなる地位を確保するかが極めて重要である。

現在の置かれた市場の規模などの動向と、その市場の中での自社の位置づけを把握し、今後の成長戦略を検討する場合、自社の対応のみでは限界があり、業界の他のプレーヤーとの

図表13－1　製造業における最近の主な業界再編の動き

業界	概要
フォークリフト(日)	ニチユ三菱フォークリフトがユニキャリアホールディングス(旧日立及び日産)を買収し、世界シェア6位から3位へ
電炉(日)	経済産業省が電炉の業界再編を促す提言
鉄道車輌(中)	高速鉄道車両製造の中国北車と中国南車が合併し、売上高が3.7兆円と世界最大に
半導体(米)	アバゴ・テクノロジー(ヒューレットパッカードの半導体部門が独立)がブロードコムを370億ドルで買収すると発表。開発コスト高騰への対応としての統合・再編。
自動車(日)	トヨタとマツダが環境技術を中心に包括業務提携。
医療機器(日独)	パナソニックヘルスケアホールディングスがバイエルの血糖測定器事業を買収。
タイヤ(中伊)	中国の国有化学大手である中国化工集団がイタリアのタイヤ大手ピレリの買収を発表(71億ユーロ)。中国製造業の国外買収で過去最大級になる見通し。
重電(日・瑞)	日立製作所がスイスの重電大手ABBと送電システムの合弁会社を設立。2014年に米GEが仏アルストムのガスタービン事業を買収するなど、重電業界は再編の動きが活発化。

2015年公表ベースの案件を抽出　各社発表、新聞記事等から日本政策投資銀行作成

連携を前提とした成長戦略を描くことは対応の選択肢が広がるという意味で有効である。

③業界再編の発生する背景と効果

企業を取り巻く外部環境は常に変化しており、各企業が利益を最大化していくためには、いかに短期間でこの外部環境に対応していくかが必要となる。この外部環境の変化は、主に二つのパターンがあるものと考えられる。

第一に、標的市場の地理的変化・規模的変化への対応である。標的市場の地理的変化とは、例えばこれまで国内のみを標的としていた

が、他国における市場の発現に対応するために、他国への商品・製品・サービスの供給が必要となる場合である。他国における市場の発現は、他国の経済発展に伴って自然発生的に発現する場合と、自社の納入先の海外進出に伴って他国にも供給していく必要が出てくる場合があろう。この場合、自国で製造し、輸出するのか、一定の規模となっている場合や納入先からの要請がある場合などは、現地への工場進出も選択肢としてあり得る。

また、標的市場の規模的変化としては、例えば、人口の変化や技術革新などに起因して標的市場が縮小する場合と、標的市場が拡大する場合が考えられる。市場が縮小する場合、人口減少など自社の努力ではいかんともしがたい場合もあり、この場合は最悪の場合撤退も想定しながら計画的に自社の投入資本を縮小し、新たな市場への展開を検討する必要があろう。反対に標的市場が拡大する中においては、いかに拡大する市場において優位な地位を確保するかが重要となり、価格面なのか製品面の品揃えなのか、いずれにしても競争優位をどういった形で確保するかが重要な戦略となる。

第二に、標的市場の質的変化への対応である。外見上は変わらなくても、技術革新などによって、製造工程が変化し、現段階で自社に存在しない技術が必要となる場合、また、他社の動向によって、サプライチェーンが変化し、これまでとは異なる調達先、納入先を確保する必要が出てくるといった場合である。この場合、市場の質的変化にいかに短時間に、的確に対応していくかが必要となろう。

④市場の変化への対応手法

市場の変化形態は、(A) 海外市場の発現など市場規模拡大への対応、(B) 市場縮小への対応、(C) 市場の質的変化への対応、の3つに集約されるものと思われる。

これらの市場の変化に対応する場合、(1)自社にて対応、(2) 外部資本も活用しながら対応、の二通りが考えられる。

これらの標的市場の拡大や質の変化に対して自社のみで対応する場合、どのような選択肢があり得るだろうか。自社での拠点(工場建設等)も含めて海外進出する、自社で技術開発を行い、市場投入する、同時に自社において市場の開拓も行う、といった方法が考えられるが、この場合は資本を投入し回収できるだけの目算が立つ限りにおいて有効だと考えられる。反対に、市場規模が縮小する場合、工場の閉鎖や人員の配置転換なども含めて、市場への投入資本を縮小する方法もある。

ただし、これら自社における対応のみでは資金の限界や競争のための短時間での立ち上げが困難といった制約が生じるものと考えられる。世界規模で市場が変化する規模・速度は大きく、かつ速まっていくことが予想され、その意味で、外部の、既に確立している企業をM

図表13－2　標的市場と製品から見た戦略上のアプローチの整理

		標的市場	
		既存市場	新市場
製品	既存製品	市場深耕 既存製品を、既存市場にさらに投入していく場合（既存市場での競争力強化）	新市場開拓 既存の製品を、新市場に投入していく場合（地域的展開）
	新製品	新製品投入 新製品を、既存市場に投入していく場合（既存市場への新たな付加価値の提案）	多角化 新製品を、新市場に投入していく場合（自社の新しい取り組み）

日本政策投資銀行作成

＆Aによって傘下に収める。あるいは、同業と統合することで効率化を高め、市場における地位を高めるといった手法が有効であることは言うまでもないし、本章冒頭に掲載した各社の動向の通り、今後もその動きは加速化していくものと考えられる。

製造業における業界再編の特徴と類型化

前項では、一般論から見た業界再編の定義・背景・効果についてまとめたが、特に製造業における戦略上の特徴を上記の分類に基づいて整理のうえ、業界再編の可能性と方向性についてまとめると以下の通りとなろう。もちろん実際の再編の動きはこれらの側面が複合的に勘案された結果となる。

①市場深耕

既存の市場における取り組みを強化して利益を拡大していく手法である。

製品の品質を維持しながらコストダウンを図ることが基本戦略となるものと想定される。業界再編の観点では海外製造企業を買収することで、コストダウンを図るといった手法が考えられ、再編の相手方としては、同業者あるいは川上・川下の企業が考えられる。

②新市場開拓

既存の製品を、例えば海外などの新たな市場に投入し利益を拡大していく手法である。再編の相手先としては、自社と同一製品をアジア市場などで既に投入している企業との連携が考えられる。

③新製品投入

既存市場に対して、新製品を投入することで利益を拡大していく手法である。業界再編の観点では既存市場のニーズにマッチした製品開発力を有する企業を買収することで、タイムリーに既存市場における新製品の投入を通じる手法が考えられる。再編の相手方としては、既存市場に異なる製品を供給している（供給可能性のある）類似企業との連携が考えられる。

④多角化

自社の有しない製品を、自社が参加していない市場に投入することで利益を拡大していく手法である。

再編の相手方としては、特に制約はないが、買収後の運営という意味では自社の事業により近い業種の方が、一般的に展開リスクは小さい。

R&Dとイノベーションのための M&A

製造業におけるR&Dとイノベーションの重要性

製造業においては技術力が競争力の源泉の一つであるが、一口に技術と言っても製品そのものに付加価値を与える技術、生産を効率的に進める技術、製品の輸送を考慮した場合の設計に関する技術、等様々な側面の技術がある。これらの技術を高めるために各企業は様々な研究開発を通じてイノベーションを起こし、市場におけるプレゼンスを高めようと日々努力している。

他方、外部環境の急激な変化に対応しつつこれらの活動をタイムリーに行っていくためには時間的・コスト的側面で限界があるものと思われ、M＆Aはその解決策として有効な手法となり得る。ここでは、M＆Aが企業のR＆Dやイノベーションに与える効果や留意点についてまとめてみたい。

R＆Dとイノベーションを行う際に期待される効果

消費者のニーズの変化、多様化が進展している結果、近時、製品のライフサイクルは短期化している。このため、「売り時」にいかにタイムリーに市場から期待された製品を投入できるかが企業の利益獲得のためには重要であろう。他方、自社での開発のみに依存している場合、研究開発費をはじめとする経営資源に限界があるので、これらの要請に確実に対応するには限界があるものと思われる。

多くの企業はROA（総資本利益率）やROE（株主資本利益率）、ROIC（投下資本利益率）といった経営指標の達成・向上の要請、すなわち、極力小さな投下資本（分母を小さく）で、利益を最大化（分子を大きく）することが求められている。かかる中、利益や投下資本に影響を与える研究開発は、確かに将来の利益確保のための先行投資として不可欠であるのだが、一方で求められる短期的な経営成績の確保とのバランスでは一定の限界がある。

これに対してM＆Aを通じて足下で求められている、あるいは今後求められるであろう技術を獲得することは、自社開発と比較して相対的に時間の節約が期待できる。コストについても自社開発に必要な費用よりも削減できるかもしれないし、別の開発のための機会損失の回避にもつながるかもしれない。

M＆Aは自社開発を完全に代替できるか

前項でM＆Aは自社開発よりもコスト面で効率的に対応できる可能性について示唆したが、必ずしも自社開発の場合と比べて常に効率的と言えるかは議論の余地が残る。というのは、M＆Aで他社の買収・統合を行う場合、競争環境の中で進むことが一般的であり、他社よりも高い価格を提示する必要があるが、自社開発の場合と比較して時間的短縮効果も含めて投資の意義があるか、回収し得るかという判断が不可欠となるからである。

同時に、この高い価格を提示するためには、買収対象企業を傘下に収めることから得られるシナジー効果なども織り込んで算出することになるが、買収後に何らかの理由（思ったほど自社の技術との親和性が認められない、立地上の制約、市場のニーズが変わった等）で当初期待した収益貢献がされないといった一定のリスクを負うこともある。

以上の通り、M＆Aによる技術の取り込みは、自社での研究開発に代替し得るものの、自社開発の場合と同様失敗に終わる場合もあるし、思ったように効果が発現しない可能性も有り、時間の短縮効果は期待できるものの、一定のリスクを負うことを認識しておく必要がある。

M＆Aを通じたR＆D、イノベーションを成功に導くための留意点

以上の通り、M＆Aには自社にない技術を外部から短期間に取り込めるという意味で、R＆Aやイノベーションに対して一定の効果が期待できるが、必ずしもコストが割安にならないなどの論点が存在する。このため、ここではR＆DやイノベーションをM＆Aを使って加速させるために予め整理しておくべき留意点を整理しておく。

①自社のゴールイメージ（シーズなのか確立した技術なのか）

一つ目は、どんな技術ニーズがあるかを自社なりに予め整理しておくことである。証券会社やM＆Aアドバイザーから持ち込まれた案件を場当たり的に検討していたのでは判断が出来ない、あるいは買収したが、前項の様に期待した利益が得られないなど判断を誤ることにもつながる。そうならないためにも日頃から自社の技術の方向感を定め、それにあった技術

を有する企業を探索することが必要になる。

この候補企業の探索にあたっては、既存技術をどのステージで傘下に収めるかという議論も整理しておく必要がある。基礎研究レベルなどシーズの段階にあるベンチャー企業を買う場合と、既に製品化間近の技術と、既に製品化され一定の市場占有率を有している企業とでは取得に要する価格も異なるし、買収後から市場に投入し、資金回収できるまでの期間も異なる、すなわち市場で成功するかどうかのリスクも異なるため、自社としてどのようなステージにある技術を取り入れ、どの程度のスピード感で市場に投入したいのかを判断の上、M&Aを実施することが必要である。その意味では、いきなりM&Aをするよりも技術提携や合弁で対応することもダメージコントロールの意味で選択肢となり得る。

②社内方針との整合性（既存活動との整合）

自社として、M&Aを通じて新たな技術を傘下に取り入れようとする場合、これまで述べてきたとおり、当然ながら社内コンセンサスを得る必要があり、その過程で留意すべき論点として、既存活動との整合についての確認が必要となる点である。

すなわち、経営計画を立案している経営企画部門の考えている方向感が、それぞれ研究開発を担う事業部門のそれと整合しているかである。M&Aを通じて新たな技術を内製化することは、これまで自社内で研究開発していた活動を停止あるいは変更することにもつながるため、これまで自社内で行っていた研究開発が無駄に終わらない、あるいは研究開発に携わっていた職員のモチベーションを下げないような工夫も検討すべき項目の一つとなろう。

③技術の生態系（エコサイクル）の精査

M＆Aによって技術を外部から取り入れるのは、自社が技術面で競争優位に立つことを目的に行われることは言うまでもないが、技術によっては、あまりに画期的であるが故に、市場において製品本来の持つ優位性を発揮できないという懸念がある。

というのは、自社製品が効率的に市場、さらには顧客に届き、顧客の満足を得られるようになるためには、生産の局面におけるサプライチェーンのみならず、メンテナンスなど製品のライフサイクル全体にわたって、その技術に対応したサービスが十分に確立されていることが必要になるからである。

この技術の生態系（エコサイクル）が欠けた状態（初期的には売れるが、販売後の他社による修理・交換等のアフターサービスが不十分な結果、クレーム／回収要請が多発するといった状態など）では、十分な投資回収は期待できないため、自社のことだけではなく製品のライフサイクル全体においてそれぞれの役割を担う他社の対応力も考慮に入れておく必要がある。

マーケティングのためのM&A

製造業の成長戦略を考えた場合、いかに効率的に、すなわち低コストで、短時間に市場にアクセスするかが重要な要素であることは先ほど述べたとおりである。この観点でM&Aがもたらし得る効果の一つにマーケティングへの対応力の強化がある。

マーケティングには様々な定義が存在する。要するところ、顧客に対して魅力的な製品を効率的に届けるための活動であるとの理解に立つと、いかに魅力的な製品を開発し供給するかという点では、前項の技術開発が有効であるものと思われるが、それだけで製造業の成功は得られない。つまり、開発→製造→市場投入というサプライチェーン全体が継続的に維持されない限り製造業における成長は困難である。

製造業の成長戦略を進める上で、マーケティングの観点でM&Aがもたらし得る効果として以下があげられる。

R&Dやイノベーションを形にする資材調達の確保

画期的な技術開発の結果、開発された製品を迅速に、しかも顧客の需要に応える量を製造するためには十分な資材の調達が必要であるが、希少な原材料を大量に仕入れる必要があるなど、困難な局面がある。このような製造過程におけるボトルネックを、M＆Aを通じて社内に取り込むことにより解消することが期待できる。

顧客へのチャネル確保

いかに魅力的な製品を開発し安定的に顧客の期待する量を製造できたとしても、顧客へ届けることができない限り顧客の支持は得られないし、ひいては業績にも寄与しない。特に海外市場などにおいては、いくつかの代理店を経由しなければ市場への製品供給が難しい場合がある。従って、製品の開発・製造と並行し、現地の卸売業者や代理店などの販売のチャネルをM＆Aによって社内に取り込むことにより、自社にて販路を開拓するのに比べ円滑かつ迅速な市場投入が可能となる。

流通経路（物流）の確保

サプライチェーンの完成のためには、製品が開発・製造でき、販路の確保に加え、製品を需要者に届けるための物流も考慮に入れる必要がある。物流部門はコアコンピタンスではないとの考え方から、必ずしも内製化する必要は無いかもしれないが、海外市場において現地の業者が脆弱であるなど、ある程度自社で体制を整える必要がある場合などにM&Aによる物流体制の早期の確立は有効な選択肢になりうる。

わが国製造業の成長戦略とM&A

本章では、製造業にM&Aが貢献しうる効果について整理した。我が国製造業の置かれた状況は、国内の高齢化・人口減、世界規模での新たな市場創出・競争の激化、などの外部環境の急激かつスケールの大きな変化に晒されており、この動きは一層加速するものと思われる。日本政府においてもこれらの急激な外部環境の変化に対応するため、インフラ輸出におけるトップセールス、研究開発の促進支援などをはじめとして様々な施策を打ち出しており、官民一体となった日本の製造業の成長戦略を支援・達成するための環境が整いつつある。

かかる中、個別の企業における成長戦略としては、新技術開発、新たな市場の開拓はもちろんのこと、同業他社との合従連衡による競争優位の確保、時には縮小する市場から円滑に退場することも選択肢と考えられ、M&Aはこれらの製造業の成長戦略に少なからず寄与できるものと考えられる。

大企業においては、企業の中期経営計画の中にＭ＆Ａを重要な投資手法の一つとして位置づけ、弱みの克服、強みのさらなる強化のための選択肢とすることが一般化しつつある。しかし、企業規模にかかわらず、自前での研究開発や工場新設などの成長投資と同レベルの選択肢としてＭ＆Ａを検討していくことが、製造業における「新潮流」として今後一層加速化していくこととなろう。

第十四章

社会に貢献するM&A

M＆AとＥＳＧ

経済的価値の追求とＣＳＲ・ＣＳＶ

企業は本来経済的価値すなわち利潤を追求することが使命であるが、近年わが国でもＣＳＲ（Corporate Social Responsibility）やＣＳＶ（Creating Shared Value）などへの関心が高まる中で、経済的価値を追求するビジネス自身の力により、社会的な価値を生み出し、社会資本を創り出すという考え方が浸透してきた。例えば、自動車会社が、地域コミュニティに対して寄付をして文化活動を促進するというのは、従来から行われているフィランソロピー（社会貢献活動）であるが、むしろ今日の自動車産業は、より低公害な車を求めて電気自動車を開発し、さらに安全性を高めるために自動運転システムを装着するという方向に商品開発が進んでおり、それ自体が環境、安全といった社会的な価値を追い求めるものである一方、それらの商品に対する市場のニーズが極めて高く、結果的に企業の利益も最大化することができるという構図である。

もともと企業は「公器」であるとか、「三方良し」（売り手よし、買い手よし、世間よし）という近江商人の教えがわが国産業界にも根付いていたが、国際的にもＥＳＧ（Ｅ＝環境、

Ｓ＝社会、Ｇ＝ガバナンス（企業統治））問題への一層の積極的・能動的な対応を企業に求めるようになっている中で、企業活動そのものが大きく変容してきている。また、ＩＲや広報の世界でも、個々の企業の行動に加えて、これを評価する仕組みとして、「統合評価」という会計的な価値（経済的な価値）と数字に表れない非会計的な価値（社会的な価値）をあわせて評価する手法も徐々に普及している。

Ｍ＆Ａは、企業と企業が一緒になることでシナジー効果を発揮し、企業価値の向上を図ることに経済的な意味があるが、同様に資本とビジネスの構成を変革することで社会的な価値を創出する有力な事業手法ともなり得るのである。

表のシナジーと裏のシナジー

Ｍ＆Ａに際して、買い手が売り手にプレミアムを支払うのは、それを上回るシナジー効果を見込み、これを事業の統合によって将来的に達成することで、企業価値向上を実現し得ると考えるからである。そして、そのシナジーとは、売り上げの増加やコストの削減などによる資産効率の改善で表されるが、現実には、これを具体化するための「裏のシナジー」が重要であることも忘れてはならない。

図表14－1　表のシナジーと裏のシナジー（日本政策投資銀行作成）

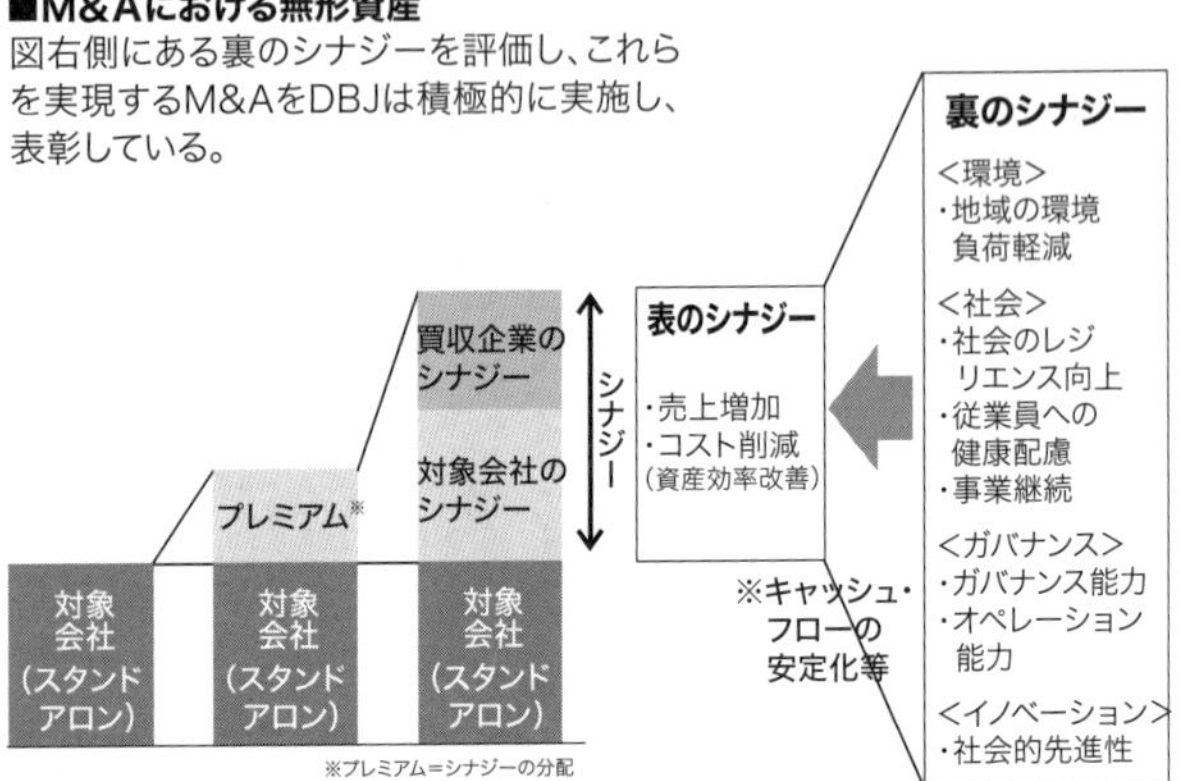

例えば、地域の環境負荷の低減、社会のレジリエンス（復元力）向上、従業員の健康配慮、ガバナンス能力のレベルアップなどである。これらが統合によって悪化すれば、（表の）シナジー効果の発揮は妨げられ、他方、これらがプラスに働けば、キャッシュフローの安定化などの効果をもたらし、M&Aによる経済効果は大きく顕在化する（図表14‐1）。

すなわち、M&Aにおける社会的な価値の創出は、M&Aによる統合が円滑に進み、経済的な価値を増すために必要な条件であるとも言える。逆に言えば、社会的に負の価値が発現されるようなM&Aは、間違いなく失敗例となる。したがって、M&Aを決断する前に、デューディリジェンスにおいて、環境汚染や労働災害、あるいは法令違反などがないか調査するのが一般的であるが、これらは、事業や資産の査定による値決めという目的に加えて、負の社会価値によりM&Aによる統合効果が大きく阻害されることを防ぐために行われるものである。

企業再生や事業承継による雇用の維持

M&Aの社会的効用として最も明快なのは、企業再生や事業承継による雇用の維持である。企業の業績が悪化し、破綻が避けられないような状況に至った企業を支援する仕組みの一つとして、M&Aがある。いわゆる救済合併である。倒産することにより事業資産が即座に散逸し、ブランドや信用が失われ、従業員が職を失い、地域の活力が失われる事態を想定すると、企業をできる限り活かしたまま資産や人材を承継させることが望ましい。このためにM&Aが活用されるのは、従来からたびたび使われている手法である。法的破綻した後の会社更生法や民事再生法に基づく企業再生でもM&Aはしばしば活用される。

最近では、むしろ事業承継が脚光を浴びている。事業としては概ね順調であるが、経営者が高齢化し、しかも後継者が不在である場合は、廃業するよりは、いずれかの企業（あるいは個人）に事業を承継してもらうことが望ましい。この場合も、近年M&Aが大いに活用されるようになってきている。もちろん、この場合には雇用の維持のみならず、買い手企業にとっての技術の融合による新商品開発や新たな市場の開拓に伴うサービスの高度化などの経済的かつ社会的な効果が期待し得るのは言うまでもない。

地方創生とM＆A

地域におけるM＆Aの普及

「地方創生」という標語のもとで、地域を活性化することでわが国全体を元気にしようとする国家的なプロジェクトが進行している。M＆Aも、「地方創生」に明らかに一役買っている。もちろん、地方においても企業間の統合や救済合併などの経済行為は従前より行われてきたが、これまではM＆Aという言葉は地方ではあまり多くは聞かれなかった（実際は、「身売り」「乗っ取り」という言葉に代表されるように、特に地方ではM＆Aの持つイメージはあまり芳しくなかったように思われる）。

しかし、近年は、先に述べた事業承継を筆頭に地方でもM＆Aが積極的に活用されるようになっている。これは、地方企業に対しても、大都市圏における企業と同様に、成長戦略を求める株主の要請が強まっており、また資金的に余裕のある地方企業も増えている中で、地域の金融機関も積極的にM&Aの情報やノウハウとともに資金面でのバックアップを充実させているからであろう。

地域企業の成長戦略

地域企業の成長戦略の中で、海外展開の比重が、特に製造業の集積の厚い中部圏や西日本の企業を中心に徐々に増している。従来は、地方の企業では、海外へは商社経由で製品を輸出するか、あるいは国内の取引先に納品した製品が海外に出て行くというケースが一般的であった。その後、円高がしばらく続いた時期に、取引先企業とともに海外に展開（特にアジアの工業団地に進出）していくケースも多く見られた。近年は円安基調にもかかわらず、M&AでIN―OUTが引き続き活況を呈しているように、国内市場の成熟化を背景に、グローバルな展開を目指して、M&Aを活用する企業が少なくない。もちろん、積極的に海外の企業を買収するケースも多いが、事業承継などで買収した日本の企業に、中国や東南アジアの工場が付いてくるケースもある。もっとも、このようなM&Aは実際に海外の拠点を経営できるかがポイントであり、いわゆるPMI（買収後の統合作業）のみならず、経営人材の確保が決め手となる。

地方企業にとっては、少子高齢化の影響は、大都市圏の企業以上に深刻であり、東京オリンピックを契機としたインフラ整備等の恩恵も限定的である中で、いかに優秀な人材を確保し、将来のビジネスモデルを描くかが急務である。その中で、海外展開のみならず、国内における自社技術等の強みを活かした事業多角化や販路拡大など、様々な局面で、その成長戦略実現のためのM&A活用の可能性は広がっている。

地域金融機関の活躍と「地域貢献M&Aプログラム」

M&Aを推進するためのインフラとして、いわゆるFA（フィナンシャル・アドバイザー）の存在は欠かせない。地方では、比較的小型の案件が多いため、法律事務所や会計事務所、あるいは経営コンサルタントなどが、この役割を担うことが多いが、最近この分野で大きく存在感を示しているのが、地域銀行や信用金庫などの地域金融機関である。

地域金融機関は、日頃から取引先の経営層と会話する機会が多く、経営戦略や資金計画を把握する一方で、地域の業界動向や同業他社の活動にも通じている。他方、預金量が増える一方で、貸出量が伸び悩んでいる銀行等も多く、証券販売などとともに、M&Aによる手数料収入は、今後伸ばしていきたい営業メニューの一つである。特に、「地域密着型金融」を唱える地域銀行にとって、人口減少など構造変化の中で次世代の成長産業を取引先の中から育てていくことは極めて重要であり、先に述べた「地方創生」の趣旨にもかなう。このような状況下で、大手の地域銀行の中には、M&Aの専門部署をつくり、専門知識を持つスタッフを配置するところも少なくない。

日本政策投資銀行では、このような地域銀行約90行と「地銀M&Aネットワーク」を組成し、地域のM&Aを支援する仕組みを2001年に立ち上げた。これは、日本政策投資銀行を含む加盟行の間で、M&Aに関する案件情報を相互に流通させるとともに、売り案件と買い案件の初期的なマッチングを行い、顧客のニーズに応じてアドバイザーとして成約に向けた支援を行うというものである。取り組み開始当初は、小規模の再生型の案件が多く、成約に至る事例は限られていたが、最近は事業承継を求める中堅以上の規模で、かつ相応の利益を継続的に上げている企業が売りに出るケースも珍しくなく、成約事例が着実に増えている。

さらに「地方創生」が政府の大きな方針として打ち出された2014年度下期からは、日本政策投資銀行は「地域貢献型M&Aプログラム」を創設し、地域経済の成長に寄与するようなM&Aについて、積極的に提案し取り上げるような活動を進めている。これには、海外展開、異業種進出、業界再編などさまざまな案件が含まれるが、地方の元気な企業にM&Aを切り口とする新たな経営の選択肢を示すことで、その成長を加速させ、地域経済を活性化したいという趣旨で取り組んでいる。実際に、このような提案に対し、熱意を持って真摯に検討し、戦略に適合すれば、その実現に向けて積極的に動く企業が多いことに驚く。地方の有力と言われる企業の経営に対する意欲は、さまざまな環境変化の影響はあるものの、引き続き非常に旺盛だと感じている。

社会的価値・資本創出型M&A

社会的に優れたM&A

社会的に優れたM&Aとは、企業の統合により、社会にとって新たな価値を生み出す、あるいは社会資本を創出するディールである。社会にとって何が新たな価値であり、何が社会資本であるかの定義は、厳密には難しいが、単独の企業では得られなかった新たな商品や優れたサービスが、企業が統合することにより、より広範囲に、より求めやすい価格で、安全かつ簡便にユーザーの手元に届くようになるということがまずクリアすべき要件である。そして、その商品やサービスが特に社会の課題解決に役立つものであれば、「世のため人のために役に立つ」M&Aディールであると言えよう。

「社会的価値・資本創出型M＆Aアワード」

日本政策投資銀行では、「環境格付」融資（企業の環境経営度を評点化し、優れた企業を選定して、得点に応じて3段階の金利を適用し、企業の環境配慮の取り組みを支援する融資メニュー）などにより培った手法を活用して、独自の評価システム（最初に、「環境（E）、社会（S）、企業統治（G）の3分野に加えてイノベーション（I）を足した4つの評価軸に基づき、ディールの社会的価値を評点化して総合的に評価。さらに、環境等の専門家が参加する評価委員会に諮問して選定）を策定して、社会的に優れたM＆A（ソーシャルM＆A）の選定・公表を行っている。そして、特に優れたM＆Aディールについては、これを表彰する取り組みを2015年5月にスタートした。第一回「社会的価値・資本創出型M＆Aアワード」として、次に紹介する二つの企業が選定されて、それぞれ第一回の大賞と特別賞を受賞している（写真）。このような取り組みは、M＆Aの業界内でも少しずつ知られるようになってきており、将来的には、ソーシャルM＆Aが一つのジャンルとして、M＆Aの市場に根付き、普及拡大していくことを期待したい。

第一回「社会的価値・資本創出型M＆Aアワード」授賞式
前列中央、左から　綜合警備保障 村井会長（大賞盾）、日本政策投資銀行　橋本社長（当時、現相談役）、八神製作所 中澤会長（特別賞盾）、後列中央、左から　評価委員 薗田綾子氏、末吉竹二郎氏、沢味健司氏

ＡＬＳＯＫ　Ｍ&Ａによる警備・介護分野での新たなサービスの創出

綜合警備保障（ＡＬＳＯＫ：本社東京）は、広く警備サービス業務を行っているが、２０１４年１０月にＨＣＭという三大都市圏などで介護事業を行う企業を買収した。

この買収の結果、介護サービスのノウハウと拠点網を得ることにより、当社が従来から提供してきた高齢者向け警備事業につき、介護を含めた生活全般のセキュリティーサービスに発展させることが可能となった。さらに住宅から施設までシームレスな警備と介護により、地域における包括ケアを一段と推進することが期待されている。

近年、高齢化が進む地域社会でお年寄りが安心して暮らせる仕組みづくりが、社会で大きな課題となっている。今回のＭ＆Ａにより、その解決に向けて、事業化が大きく前進したという点で、社会的な影響力の大きさ、波及効果の点から、大賞の受賞に相応しいと認定された。

八神製作所　Ｍ＆Ａによる地域医療の高度なサービスの広域展開

八神製作所は、名古屋に本社があり、中部圏を中心として医療機器卸業を営んでいる。２０１４年７月に神奈川県で同種の事業を展開する東和医科器械を買収した。

八神製作所は、患者に寄り添うという理念を大切にしながら、先駆的な院内物流サービスを展開している。特に「適正使用支援」という、昼夜を問わず、手術や検査において最適な医療機器を選択・提供し、在庫管理を支援するサービスを実施しており、これにより医師や看護師の負担を軽減することで、医療の質を高め、病院経営の安定化にも大きく貢献している。

今回のＭ＆Ａにより、当社が担う安定供給エリアが拡大したのみならず、強固な経営体制が構築されることで医療機器卸業界全体の発展をもたらし、これにより特に地域医療の高度化に資する点、特別賞の受賞に相応しいと認定された。

日本政策投資銀行では、今後とも、このような社会に貢献するＭ＆Ａを積極的に取り上げて支援していきたいと考えている。

おわりに

日本政策投資銀行は、企業理念「金融力で未来をデザインします」に基づいて、ファイナンスはもとより独自のナレッジ（知的サービス）の提供を通じてわが国企業の成長戦略の実現を支援している。M&Aに関するアドバイザリーサービスの分野では、過去十年以上に渡り、国内外の買収・統合プロジェクトの成約に貢献し、関わった案件数は数百件に上る。特に最近では、良質なM&Aのアドバイザリーに加え、顧客のニーズに沿って投融資とあわせて「三位一体（アドバイザリー・投資・融資の連携）」により包括的なサポートを行うことで、M&Aを契機とした、わが国企業の国際競争力の強化に寄与している。

M&Aは生き物である。案件ごとに態様が異なり、企業同士のさまざまな思惑や文化がぶつかりあい、更に時を追うごとに状況は刻々と変化していく。そのようなダイナミズムを感じながら、これをコントロールし、相対する企業同士が単独では想像できなかったような高みを目指して進化していくのがM&Aの醍醐味である。リスクを可能な限り排除しつつ、このようなジャンプアップする成長をより多くの企業に享受してもらいたいという願いで本書は執筆されている。本書が、これからM&Aに取り組まれようとする企業およびその経営者とスタッフの皆さんの一助となれば誠に幸いである。

本書は、日本政策投資銀行においてM&Aアドバイザリー業務を担う企業戦略部の後記のメンバーによって執筆されている。なお、各章のコンテンツは尊重しつつ、全体の論旨を統一するとともに、読者にとっても読みやすくするため、編著者である山本貴之が全文にわたって編集し、一冊の完結した書籍としてとりまとめた。

２０１５年12月　山本貴之

〈執筆者一覧〉

第一章・第二章・第十四章　山本貴之
（㈱日本政策投資銀行 執行役員企業戦略部長）

第三章・第十一章　西出孝之（同 企業戦略部次長）

第四章　森　信宏（同 企業戦略部調査役）

第五章・第六章　高野正男（同 企業戦略部課長）

第七章・第十三章　和田雅彦（同 企業戦略部課長）

第八章　白鹿博之（同 企業戦略部課長）

第九章　飯野登志樹（同 企業戦略部課長）

第十章・第十二章　齊藤操爾（同 企業戦略部参事役）

〈執筆者プロフィール〉

西出孝之
㈱日本政策投資銀行 企業戦略部次長。旧長信銀、メガバンク系証券会社を経て2007年日本政策投資銀行入行。入行以来、企業戦略部にて医療・ヘルスケア他、生活産業を中心にM&Aアドバイザリー業務に従事。一橋大学経済学部卒、一橋大学大学院国際企業戦略研究科修了（MBA）。

高野正男
㈱日本政策投資銀行 企業戦略部課長。総合商社、外資系投資銀行を経て、2003年日本政策投資銀行入行。入行以来、企業戦略部にて国内外のM&Aアドバイザリー業務に従事。東京大学教育学部卒、米国ジョージタウン大学国際政治学修士、英国ケンブリッジ大学経営大学院修士（MBA）。

和田雅彦
㈱日本政策投資銀行 企業戦略部課長。本支店投融資業務等を経て2012年より現職。製造業、小売業等のM&Aアドバイザリー業務に従事。1997年日本開発銀行（現㈱日本政策投資銀行）入行。東北大学経済学部卒。

飯野登志樹
㈱日本政策投資銀行 企業戦略部課長。大手証券会社等を経て2009年より現職。製造業、物流業等のクロスボーダー案件を中心にM&Aアドバイザリー業務に従事。2009年㈱日本政策投資銀行入行。東京大学経済学部卒。米国公認会計士。

白鹿博之
㈱日本政策投資銀行 企業戦略部課長。融資業務等を経て、M&Aファイナンスやファンド投資業務等の投資銀行業務に従事し、2015年より現職。地域・業種を問わず幅広くM&Aアドバイザリー業務に従事。1998年日本開発銀行（現㈱日本政策投資銀行）入行。慶應義塾大学経済学部卒。

齊藤操爾
㈱日本政策投資銀行 企業戦略部参事役。M&Aブティックを経て2011年に㈱日本政策投資銀行入行。国内・クロスボーダーを含め、幅広い業種にかかるM&Aアドバイザリー業務に従事。神戸大学大学院経済学研究科修了。米国ミシガン大学経営大学院修士（MBA）。

森　信宏
㈱日本政策投資銀行 企業戦略部調査役。M&Aブティック、大手証券会社等を経て2008年に日本政策投資銀行入行。幅広い業種にかかるM&Aアドバイザリー業務に従事。立命館大学大学院政策科学研究科修了。

山本貴之　やまもとたかゆき

㈱日本政策投資銀行 執行役員企業戦略部長。国際統括部長、東海支店長を経て2014年より現職。国内外の大中規模のM＆Aに関するアドバイザリー業務を統括し、日本企業の成長戦略を支援。地域や社会に貢献するM＆Aの普及にも尽力。1959年生まれ。1983年日本開発銀行（現㈱日本政策投資銀行）入行。東京大学法学部卒、米国ジョージタウン大学法律大学院修士（LLM）。

エネルギーフォーラム新書 036

M＆Aの「新」潮流

2016年1月15日　第一刷発行

編著者　山本貴之

発行者　志賀正利

発行所　株式会社エネルギーフォーラム
〒104-0061 東京都中央区銀座5-13-3　電話 03-5565-3500

印刷・製本所　錦明印刷株式会社

ブックデザイン　エネルギーフォーラム デザイン室

定価はカバーに表示してあります。落丁・乱丁の場合は送料小社負担でお取り替えいたします。

　ISBN978-4-88555-464-3